ARTS AND LETTERS

SECOND EDITION

ROBERT E. HELBLING
University of Utah

WOLF GEWEHR
Pädagogische Hochschule Münster

DIETER JEDAN
University of California, Los Angeles

WOLFF A. VON SCHMIDT
University of Utah

ARTS AND LETTERS

SECOND EDITION

HOLT, RINEHART AND WINSTON
New York San Francisco Toronto London

Permissions and Photo Credits appear on p. 73

Library of Congress Cataloging in Publication Data
Main entry under title:

Arts and letters.

First ed. (1974) by R. E. Helbling, W. Gewehr, and W. A. von Schmidt.
1. German language—Readers. 2. German literature —20th century. I. Helbling, Robert E., comp. Arts and letters.
PF3117.H39 1979 438′.6′421 79-10670
ISBN0-03-042906-4

Printed in the United States of America
9 0 1 2 3 090 9 8 7 6 5 4 3 2 1

CONTENTS

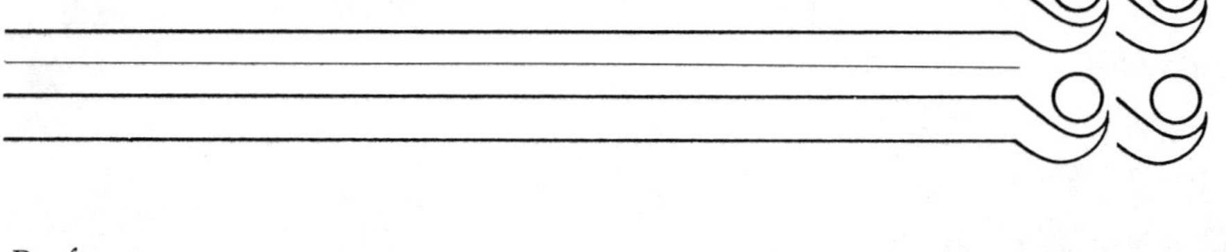

PREFACE

Literary readings in first-year German? No doubt the opportunity to read authentic literature in the foreign language at an early stage is an exhilarating experience for serious students, especially if this literature expresses some of the perceptions and concerns of their own generation.

The success of the first edition of *Arts and Letters* has prompted us to prepare a modified second edition, in which we have taken into account various suggestions made by a number of colleagues at other universities and colleges across the country. The format of the first edition has been maintained, while some selections have been replaced by new ones.

Arts and Letters can be used as a companion feature to *First-year German Second Edition*. The selections have been adapted in subject matter and grammar material to chapters 7–18 of the main text and may therefore serve as supplementary readings from the beginning of the second quarter or the end of the first semester. However, the selections are diverse and independent enough to be used with other German grammar books or as a basic text for separate reading or conversation courses, perhaps in conjunction with their companion reader, *Current Issues*.

Arts and Letters contains twelve readings, nine of which were written by contemporary authors in a simple style that is within the grasp of the first-year student's understanding. Only three of these selections have been slightly abridged or simplified. The authors represented are Bertolt Brecht, Günther Weisenborn, Wolf Biermann, Peter Bichsel, Helga Novak, Wolf Wondratschek and Werner Schmidli. The remaining three selections, covering film, opera and theater, have been written by us.

The selections were largely designed for passive understanding. However, we hope that the following elements will help encourage conversation and classroom discussion:

1. Short introductory statements in English to acquaint the students with the writer and give them some hints on the literary characteristics and theme of each selection
2. A liberal amount of marginal glosses giving translations of topical or difficult words and expressions
3. Footnotes explaining idioms, stylistic peculiarities, names and other references found in the text
4. Questions divided into two groups designed to
   (a) check the students' understanding of the selection
   (b) personalize the subject matter of the readings by relating it to the students' own experience and help them interpret some episodes in the text

In addition, there is a complete end vocabulary, including the glossed words, but excluding particles such as prepositions and conjunctions and the modal verbs, as well as common vocabulary such as *kommen* and *gehen*.

ARTS AND LETTERS

SECOND EDITION

1

Fahrkarte,° bitte — *ticket*

Helga Novak

Helga Novak was born in Berlin in 1935 and studied philosophy and journalism at the University of Leipzig in East Germany. After a stay of six years in Iceland, she settled in Frankfurt a.M., West Germany, where she pursues her career as a writer.

She purposely writes in a factual, impersonal style that only touches on the surface phenomena of human relationships and actions, to recreate the uniformity and empty routine of life in a modern, industrial society. But behind the apparent emotional detachment of the style one can discern the pull and tug of human anxieties. The readers are thus asked to become involved in the story and to discover its hidden meaning by themselves.

Kiel[1] sieht neu aus. Es ist dunkel.° Ich gehe zum Hafen.° Mein Schiff ist nicht da. Es fährt morgen.

dark
harbor

[1] Kiel is an important harbor city on the Baltic Sea near the Danish border.

Es kommt morgen vormittag an und fährt um dreizehn Uhr[2] wieder ab. Ich sehe ein Hotel. Im Eingang° steht ein junger Mann. Er trägt einen weinroten° Rollkragenpullover.°

Ich sage, haben Sie ein Einzelzimmer?°

Er sagt, ja.

Ich sage, ich habe nur eine Handtasche° bei mir, mein ganzes Gepäck ist auf dem Bahnhof in Schließfächern.°

Er sagt, Zimmer einundvierzig. Wollen Sie gleich bezahlen? Ich sage, ach nein, ich bezahle morgen. Ich schlafe gut. Ich wache auf. Es regnet in Strömen.° Ich gehe hinunter. Der junge Mann hat eine geschwollene° Lippe.

Ich sage, darf ich mal telefonieren?

Er sagt, naja.[3]

Ich rufe an.

Ich sage, du, ja, hier bin ich, heute noch, um eins, ja, ich komme gleich, doch ich muß, ich habe kein Geld, mein Hotel, ach fein, ich gebe es dir zurück, sofort, schön.

Der junge Mann steht neben mir. Er hat zugehört.°

Ich sage, jetzt hole° ich Geld. Dann bezahle ich.

Er sagt, zuerst bezahlen.

Ich sage, ich habe kein Geld, meine Freundin.

Er sagt, das kann ich mir nicht leisten.[4]

Ich sage, aber ich muß nachher weiter.

Er sagt, da könnte ja jeder kommen.[5]

Ich sage, meine Freundin kann nicht aus dem Geschäft° weg.

Er lacht.

Ich sage, ich bin gleich wieder da.

Er sagt, so sehen Sie aus.[6]

entrance
burgundy red / turtleneck sweater
single room
handbag
lockers
it's raining hard
swollen
listened
fetch
place of work

[2] **dreizehn Uhr** = 1 P.M.

[3] **naja** may express reluctant acquiescence: "if it must be."

[4] *Lit.:* I cannot afford that. *Here:* I cannot allow that.

[5] Everybody could try that trick.

[6] You look like it. (*here* ironic)

Ich sage, lassen Sie mich doch gehen. Was haben Sie denn von mir?[7]
Er sagt, ich will Sie ja gar nicht.
Ich sage, manch einer° wäre froh.° *many another / would be happy*
Er sagt, den zeigen Sie mir mal.
Ich sage, Sie kennen mich noch nicht.
Er sagt, abwarten und Tee trinken.[8]
Es kommen neue Gäste.
Er sagt, gehen Sie solange° in die Gaststube. *in the meantime*
Er kommt nach.° *follows*
Ich sage, mein Schiff geht° um eins. *leaves*
Er sagt, zeigen Sie mir bitte Ihre Fahrkarte.
Er verschließt° die Fahrkarte in einer Kassette.° *locks up / strong box*
Ich sitze in der Gaststube und schreibe einen Brief. Liebe Charlotte, seit einer Woche bin ich im „Weißen Ahornblatt"[9] Serviererin.° Nähe° Hafen. Wenn Du hier vorbeikommst,° sieh doch zu mir herein.° Sonst geht es mir glänzend.° *waitress / vicinity* *pass by* *drop in / great*
Deine Maria.

[7] *Here:* What do you want of me?
[8] wait and see.
[9] "White Maple Leaf."

Fragen zum Inhalt

1. Wann fährt das Schiff ab?
2. Was trägt der junge Mann im Eingang des Hotels?
3. Wann will Maria bezahlen?
4. Wen ruft sie an?
5. Was will sie holen?
6. Warum kann die Freundin das Geld nicht bringen?
7. Läßt sie der junge Mann gehen?
8. Was macht der junge Mann mit der Fahrkarte?
9. Warum bleibt Maria im Hotel?
10. Wie geht es ihr dort?

Diskussionsthemen

1. Glauben Sie, daß Maria tatsächlich viel Gepäck in Schließfächern auf dem Bahnhof hat?
2. Will Maria weiterreisen, ohne das Hotel zu bezahlen?
3. Hat ihr Charlotte versprochen, Geld zu bringen? Hat sie es erhalten?
4. Zeigt der junge Mann Sympathie für das Mädchen?
5. Glauben Sie, daß Maria ihre Arbeit als Serviererin im Hotel liebt?

Schlittenfahren° — *sledding*

Helga Novak

In the following story by Helga Novak, again events are merely registered, not described, and no psychological analysis is given. Thus the reader is invited to find the implicit meaning by himself. Is it the irritation caused by the children's incessant quarrelling that is responsible for the father's insensitivity or is his callousness an innate "flaw of character," an expression of his unsuitability for parenthood? Is the younger child going to drown? The tone of factual reporting maintained throughout intensifies the tragedy looming at the end.

Das Eigenheim° steht in einem Garten. Der Garten ist groß. Durch den Garten fließt° ein Bach.° Im Garten stehen zwei Kinder. Das eine der

private home
flows / creek

Kinder kann noch nicht sprechen. Das andere Kind ist größer. Sie sitzen auf einem Schlitten.° Das kleinere Kind weint.° Das größere sagt, gib den Schlitten her.° Das kleinere weint. Es schreit.°

Aus dem Haus tritt° ein Mann. Er sagt, wer° brüllt,° kommt rein.[1] Er geht in das Haus zurück. Die Tür fällt hinter ihm zu.°

Das kleinere Kind schreit.

Der Mann erscheint° wieder in der Haustür. Er sagt, komm rein. Na wirds bald.[2] Du kommst rein. Nix.[3] Wer brüllt, kommt rein. Komm rein.

Der Mann geht hinein. Die Tür klappt°.

Das kleinere Kind hält die Schnur° des Schlittens fest.° Es schluchzt.°

Der Mann öffnet die Haustür. Er sagt, du darfst Schlitten fahren, aber nicht brüllen. Wer brüllt, kommt rein. Ja. Ja. Jaaa. Schluß jetzt.[4]

Das größere Kind sagt, Andreas will immer allein fahren.

Der Mann sagt, wer brüllt, kommt rein. Ob er nun Andreas heißt oder sonstwie.° Er macht die Tür zu.

Das größere Kind nimmt dem kleineren den Schlitten weg. Das kleinere Kind schluchzt, quietscht,° jault,° quengelt.°

Der Mann tritt aus dem Haus. Das größere Kind gibt dem kleineren den Schlitten zurück. Das kleinere Kind setzt sich auf den Schlitten. Es rodelt.°

Der Mann sieht in den Himmel.° Der Himmel ist blau. Die Sonne ist groß und rot. Es ist kalt.

Der Mann pfeift° laut. Er geht wieder ins Haus zurück. Er macht die Tür hinter sich zu.

sled
cries
hand over / screams
steps / whoever
bawls
closes
appears
clatters
rope
holds onto / sobs
whatever else
squeaks / howls / whines
rides the sled
sky
whistles

[1] Abbreviation for **herein** (*inside*).

[2] **na wirds bald,** will you finally come.

[3] **nix = nichts,** no further debate, enough now.

[4] **Schluß jetzt,** stop it now.

Das größere Kind ruft, Vati,° Vati, Vati, Andreas gibt den Schlitten nicht mehr her.

Daddy

Die Haustür geht auf. Der Mann steckt den Kopf heraus. Er sagt, wer brüllt, kommt rein. Die Tür geht zu.

Das größere Kind ruft, Vati, Vativativati, Vaaatiii, jetzt ist Andreas in den Bach gefallen.

Die Haustür öffnet sich einen Spalt breit.[5] Eine Männerstimme° ruft, wie oft soll ich das noch sagen, wer brüllt, kommt rein.

male voice

[5] **sich einen Spalt breit öffnen,** *to open a crack.*

Fragen zum Inhalt

1. Wo steht das Eigenheim?
2. Was fließt durch den Garten?
3. Wie groß sind die Kinder?
4. Warum weint das Kind?
5. Was brüllt der Mann, der aus dem Haus tritt?
6. Wer ist der Mann?
7. Was macht das kleinere Kind?
8. Was sagt das größere Kind?
9. Was nimmt das größere Kind dem kleineren weg?
10. Was macht das Kind, als es den Schlitten zurückerhält?
11. Wie ist das Wetter?
12. Was macht der Mann, als er wieder ins Haus zurückgeht?
13. Wo ist Andreas hineingefallen?
14. Hört der Vater auf das Rufen seines älteren Sohnes?

Diskussionsthemen

1. Was denken Sie über den Vater? (Ist er gefühllos (insensitive) oder nur irritiert?)
2. Finden Sie das Verhalten der beiden Kinder repräsentativ für alle Kinder, wenn sie zusammen spielen?
3. Was ist das Tragische an dieser Geschichte? Gibt es eine wirkliche Kommunikation zwischen Vater und Kindern?

4. Wann geht Ihnen das Quengeln von Kindern auf die Nerven? Immer? Oft? Manchmal? Wenn Sie müde sind?
5. Sind Sie als Kind auch Schlitten gefahren? Kann man bei Ihnen Schlitten fahren oder Ski laufen?
6. Laufen Sie Ski?

Film ohne Zuschauer°

spectators

Der „neue deutsche Film" ist zur Zeit der kulturelle Erfolgsschlager° der Bundesrepublik. Vor ungefähr zehn Jahren waren deutsche Filme kaum im Ausland bekannt. In der Zwischenzeit haben aber sehr viele deutsche Filme an internationalen Festivals Auszeichnungen° erhalten.

hit — *distinctions*

Während der Weimarer Republik[1] spielte der deutsche Film eine führende° Rolle auf dem internationalen Markt, weil er ein Kunstprodukt war und gleichzeitig wichtige politische oder soziale Probleme ausdrückte. Und er fand ein

leading

[1] The government of Germany from 1919 to 1933 (Hitler's accession to power), so called because the assembly that adopted its constitution met at Weimar.

großes Publikum. Filme wie ,,Nosferatu''[2] oder ,,Das Cabinet des Dr. Caligari''[3] sind heute noch als klassische Film-Kunstwerke° bekannt. Der erste ist einer der ersten Dracula-Filme, der gleichzeitig die heilende° Macht° der Liebe ausdrückt. Der zweite ist ein Horrorfilm, der aber auch eine Botschaft° hat, nämlich die zerstörende° psychologische Wirkung eines Psychiaters,° der eine Verkörperung° der Macht des Bösen° ist. Später sahen viele Film-Historiker[4] in ,,Dr. Caligari'' eine Vorausahnung° von Hitlers Regime. Diese Filme waren Erfolge,° weil sie Kunst mit menschlicher° Problematik und psychologischer Spannung° verbanden. Und die Kunst des Fotografierens war schon hoch entwickelt:° Das Spiel von Licht° und Schatten° trug sehr viel zur mysteriösen Atmosphäre dieser Filme bei.°

Filmregisseure° wie Rainer Werner Fassbinder oder Werner Herzog haben den deutschen Kunstfilm wieder auf ein sehr hohes Niveau gebracht, nicht nur vom Standpunkt° der Filmkunst, sondern auch vom Standpunkt der sozialen Problematik aus. In Fassbinders Film ,,Angst essen Seele auf''[5] sieht man zum Beispiel das Schicksal° eines Gastarbeiters[6] und einer älteren Witwe, die ihn bei sich aufnimmt° und dann zum Opfer° der Vorurteile° ihrer Gesellschaft° wird. Aber die meisten° dieser Filme finden noch kein großes Publikum, obwohl die Kritiker° sie sehr rühmen.°

art works
healing / power
message
destructive
psychiatrist / embodiment
evil
premonition
successes
human
suspense
developed
light / shadow
contributed
film directors
standpoint
destiny
takes him in / victim
prejudices / society
most
critics / praise

[2] This film was released in 1922.

[3] Released in 1920.

[4] Especially Siegfried Kracauer in *From Caligari to Hitler, A Psychological History of the German Film, 1947.*

[5] literally: "Fear eat up soul." The title epitomizes the language obstacles as well as the psychological stress the guestworkers are confronted with.

[6] "Guestworker," the official term used to designate workers from Mediterranean countries who flocked to Germany after the war where they found employment lacking in their homelands. Due to the tightening of the German economy, the influx of guestworkers had to be curbed in the last few years.

Während Jahrzehnten diente° der Film eben überwiegend° der Unterhaltung.° Man will nach der Arbeit, am Abend oder am Wochenende, keine sozialkritische Botschaft sehen und hören, auch wenn der Film künstlerisch° sehr wertvoll° ist. Es wird wohl die Aufgabe° des neuen deutschen Films sein, Kunst und soziales Gewissen° mit Publikumserfolg zu verbinden. Eine sehr schwierige Aufgabe! Aber vielleicht kann der Film der Weimarer Republik als Beispiel dienen.

served
primarily / entertainment
artistically / valuable
task
conscience

Fragen zum Inhalt

1. Was ist zur Zeit der neue deutsche Film?
2. Was haben viele neue deutsche Filme erhalten?
3. Warum spielte der deutsche Film während der Weimarer Republik eine führende Rolle?
4. Was ist das Thema von „Nosferatu" und „Das Cabinet des Dr. Caligari"?
5. Was sehen viele Kritiker in „Dr. Caligari"?
6. Warum waren diese Filme Erfolge?
7. Wozu (*to what*) trug die Kunst des Fotografierens bei?
8. Wer hat den deutschen Kunstfilm wieder auf ein sehr hohes Niveau gebracht?
9. Was sieht man in Fassbinders Film „Angst essen Seele auf"?
10. Wozu diente der Film während Jahrzehnten?
11. Was will man nach der Arbeit nicht sehen und hören?
12. Was wird wohl die Aufgabe des neuen deutschen Films sein?

Diskussionsthemen

1. Glauben Sie, daß ein Kunstfilm auch ein populärer Erfolg sein soll?
2. Soll ein Film nicht nur unterhaltend, sondern auch lehrhaft (*instructive*) sein?
3. Ist für Sie die Kunst des Fotografierens beim Film sehr wichtig?
4. Haben Sie kürzlich einen Film gesehen, der Ihnen sehr gefallen hat (*which you liked*)?
5. Beschreiben Sie kurz das Thema!

4

Aspirin

Wolf Wondratschek

In Wolf Wondratschek's prose, syntax is reduced to utter simplicity: practically every sentence is a principal clause in normal word order and contains only one statement. Subordinate clauses occur only rarely. Thus, no causal or other relationships between statements are expressed. The lack of qualifying phrases is a stylistic means to encourage the reader to read between the lines. In the following story, the tensions and desires of young love are skillfully suggested in the sober factual statements, which only touch on the surface phenomena of a human relationship. The ensuing detachment creates subtle irony. Wondratschek was born in 1943 in Thuringia.

Sie hat ein schönes Gesicht.° Sie hat schöne Haare. Sie hat schöne Hände. Sie möchte schönere Beine° haben.

face

more beautiful legs

Sie machen Spaziergänge.° Sie treten auf Holz.° Sie liegt auf dem Rücken.° Sie hört Radio. Sie zeigen auf Flugzeuge.° Sie schweigen.° Sie lachen. Sie lacht gern.

take walks / wood / back / airplanes / are silent

Sie wohnen nicht in der Stadt. Sie wissen, wie tief ein See° sein kann.

lake

Sie ist mager.° Sie schreiben sich° Briefe und schreiben, daß sie sich lieben. Sie ändert° manchmal ihre Frisur.°

skinny / each other / changes / hairdo

Sie sprechen zwischen Vorfilm und Hauptfilm[1] nicht miteinander.° Sie streiten° sich über Kleinigkeiten.° Sie umarmen° sich. Sie küssen sich. Sie leihen sich Schallplatten° aus.°

with each other / argue / trifles / embrace / records / borrow

Sie lassen sich fotografieren.° Sie denkt an Rom. Sie muß im Freibad° schwören,° mehr zu essen.

have pictures taken / outdoor swimming pool / swear

Sie schwitzen.° Sie haben offene Münder. Sie gehen oft in Abenteuerfilme.° Sie träumt oft davon.° Sie stellt sich die Liebe vor.° Sie probiert° ihre erste Zigarette. Sie erzählen sich alles.

sweat / adventure films / about it / imagines / tries

Sie hat Mühe,° vor der Haustür normal zu bleiben. Sie wäscht sich mit kaltem Wasser. Sie kaufen Seife.° Sie haben Geburtstag. Sie riechen° an Blumen.

has trouble / soap / smell

Sie wollen keine Geheimnisse° voreinander° haben. Sie trägt° keine Strümpfe.° Sie leiht° sich eine Höhensonne.° Sie gehen tanzen. Sie übertreiben.° Sie spüren,° daß sie übertreiben. Sie lieben Fotos. Sie sieht auf Fotos etwas älter aus.°

secrets / from each other / wears / stockings / borrows / sunlamp / exaggerate / feel / looks

Sie sagt nicht, daß sie sich viele Kinder wünscht.

Sie warten den ganzen Tag auf den Abend. Sie antworten gemeinsam.° Sie fühlen sich wohl.° Sie geben nach.° Sie streift° den Pullover über den Kopf. Sie öffnet den Rock.°

together / are happy / give in / pulls / skirt

Sie kauft Tabletten. Zum Glück° gibt es Tabletten.

luckily

[1] **zwischen Vorfilm und Hauptfilm,** between the short film and the main feature.

Fragen zum Inhalt

1. Beschreiben Sie das Mädchen!
2. Was tun die beiden, wenn sie nicht in der Stadt sind?
3. Worüber streiten sie sich?
4. Was machen sie nach einem Streit?
5. Was leihen sie sich aus?
6. Womit wäscht sich das Mädchen?
7. Was wollen die beiden nicht voreinander haben?
8. Was leiht sich das Mädchen?
9. Was sagt sie nicht?
10. Worauf warten die beiden den ganzen Tag?
11. Was tut das Mädchen, als die beiden sich ,,wohlfühlen''?
12. Was gibt es zum Glück?

Diskussionsthemen

1. Meinen Sie, daß das Mädchen mehr essen soll?
2. Wie alt sind die beiden? Wie wissen Sie das?
3. Was wissen Sie von dem jungen Mann?
4. Ist diese Geschichte eine typische Liebesgeschichte? Wie oder warum?
5. Was für einen Effekt hat der einfache Titel ,,Aspirin''?
6. Beschreiben Sie Ihre eigene Freundin (oder Ihren Freund).

5

Der Mann, der nichts mehr wissen wollte

Peter Bichsel

Peter Bichsel, born 1935 in Lucerne, Switzerland, is a writer with an ironic bent of mind. But his irony barely conceals his compassion for the humble lives of the characters he depicts. His stories, often the merest vignettes, focus on general human foibles manifest in a modest everyday milieu. Told in a terse, uncomplicated language befitting the simplicity of his "heroes," his prose pieces often have the trappings of a morality tale. In the following story he portrays the abortive attempt of an average man at escaping from the challenges of the world only to become involved—ironically—in new endeavors.

„Ich will nichts mehr wissen", sagte der Mann, der nichts mehr wissen wollte.
Der Mann, der nichts mehr wissen wollte, sagte:

„Ich will nichts mehr wissen."

Das ist schnell gesagt.

Das ist schnell gesagt.

Und schon läutete das Telefon.

Und anstatt das Kabel° aus der Wand zu reißen,° was er hätte tun sollen,° weil er nichts mehr wissen wollte, nahm er den Hörer° ab und sagte seinen Namen.

cable / pull
which he should have done / receiver

„Guten Tag", sagte der andere.

Und der Mann sagte auch: „Guten Tag."

„Es ist schönes Wetter heute", sagte der andere.

Und der Mann sagte nicht: „Ich will das nicht wissen", er sagte sogar: „Ja sicher, es ist sehr schönes Wetter heute."

Und dann sagte der andere noch etwas.

Und dann sagte der Mann noch etwas.

Und dann legte er den Hörer auf die Gabel,° und er ärgerte sich° sehr, weil er jetzt wußte, daß es schönes Wetter ist.

cradle (of the telephone)
was irritated

Und jetzt riß er doch das Kabel aus der Wand und rief: „Ich will auch das nicht wissen, und ich will es vergessen."

Das ist schnell gesagt.

Das ist schnell gesagt.

Denn durch das Fenster schien die Sonne, und wenn die Sonne durch das Fenster scheint, weiß man, daß schönes Wetter ist.

Der Mann schloß die Läden,° aber nun schien die Sonne durch die Ritzen.°

shutters
cracks

Der Mann holte Papier und verklebte° die Fensterscheiben° und saß im Dunkeln.

pasted over
window panes

Und so saß er lange Zeit, und seine Frau kam und sah die verklebten Fenster und erschrak.° Sie fragte: „Was soll das?"[1]

was alarmed

„Das soll die Sonne abhalten,"° sagte der Mann.

keep out

„Dann hast du kein Licht", sagte die Frau.

„Das ist ein Nachteil,"° sagte der Mann, „aber es ist besser so, denn wenn ich keine Sonne habe,

disadvantage

[1] *here*: what's the meaning of this?

habe ich zwar kein Licht, aber ich weiß dann wenigstens nicht, daß schönes Wetter ist."

„Was hast du gegen das schöne Wetter?" sagte die Frau, „schönes Wetter macht froh."°

cheers one up

„Ich habe", sagte der Mann, „nichts gegen das schöne Wetter, ich habe überhaupt nichts gegen das Wetter. Ich will nur nicht wissen, wie es ist."

„Dann dreh wenigstens das Licht an,"° sagte die Frau, und sie wollte es andrehen, aber der Mann riß die Lampe von der Decke° und sagte: „Ich will auch das nicht mehr wissen, ich will auch nicht mehr wissen, daß man das Licht andrehen kann."

turn on

ceiling

Da weinte seine Frau.

Und der Mann sagte: „Ich will nämlich gar nichts mehr wissen."

Und weil das die Frau nicht begreifen° konnte, weinte sie nicht mehr und ließ ihren Mann im Dunkeln.

comprehend

Und da blieb er sehr lange Zeit.

Und die Leute, die zu Besuch kamen, fragten die Frau nach ihrem Mann, und die Frau erklärte ihnen: „Das ist nämlich so, er sitzt nämlich im Dunkeln und will nämlich nichts mehr wissen."

„Was will er nicht mehr wissen?" fragten die Leute, und die Frau sagte: „Nichts, gar nichts mehr will er wissen.

Er will nicht mehr wissen, was er sieht—nämlich wie das Wetter ist.

Er will nicht mehr wissen, was er hört—nämlich was die Leute sagen.

Und er will nicht mehr wissen, was er weiß—nämlich wie man das Licht andreht.

So ist das nämlich",[2] sagte die Frau.

„Ah, so ist das", sagten die Leute, und sie kamen nicht mehr zu Besuch.

Und der Mann saß im Dunkeln.

Und seine Frau brachte ihm das Essen.

[2] The repetition of fillers like **nämlich** may suggest inarticulateness caused by embarrassment.

Und sie fragte: „Was weißt du nicht mehr?“

Und er sagte: „Ich weiß noch alles“, und er war sehr traurig,° weil er noch alles wußte . . .

. . . „Es gibt aber Dinge, die du nicht weißt“, sagte seine Frau und wollte gehen, und als er sie zurückhielt, sagte sie: „Du weißt nämlich nicht, wie ‚*schönes Wetter*‘ auf chinesisch heißt“, und sie ging und schloß die Tür hinter sich.

Da begann der Mann, der nichts mehr wissen wollte, nachzudenken.° Er konnte wirklich kein Chinesisch, und es nützte° ihm nichts, zu sagen: „Ich will auch das nicht mehr wissen“, weil er es ja noch gar nicht wußte.

„Ich muß zuerst wissen, was ich nicht wissen will“, rief der Mann und riß das Fenster auf und öffnete die Läden, und vor dem Fenster regnete es, und er schaute in den Regen.

Dann ging er in die Stadt, um sich Bücher zu kaufen über das Chinesische, und er kam zurück und saß wochenlang hinter diesen Büchern und malte° chinesische Schriftzeichen° aufs Papier.

Und wenn Leute zu Besuch kamen und die Frau nach ihrem Mann fragten, sagte sie: „Das ist nämlich so, er lernt nämlich jetzt Chinesisch, so ist das nämlich.“

Und die Leute kamen nicht mehr zu Besuch.

Es dauert aber Monate und Jahre, bis man das Chinesische kann, und als er es endlich konnte, sagte er: „Ich weiß aber immer noch nicht genug. Ich muß alles wissen. Dann erst kann ich sagen, daß ich das alles nicht mehr wissen will.

Ich muß wissen, wie der Wein schmeckt,° wie der schlechte schmeckt und wie der gute.

Und wenn ich Kartoffeln° esse, muß ich wissen, wie man sie anpflanzt.°

Ich muß wissen, wie der Mond aussieht, denn wenn ich ihn sehe, weiß ich noch lange nicht, wie er aussieht, und ich muß wissen, wie man ihn erreicht.

Und die Namen der Tiere° muß ich wissen und

sad
meditate
was of no use
painted / characters
tastes
potatoes
plants
animals

wie sie aussehen und was sie tun und wo sie leben."

Und er kaufte sich ein Buch über die Kaninchen° und ein Buch über die Hühner° und ein Buch über die Tiere im Wald und eines über die Insekten. Und dann kaufte er sich ein Buch über das Panzernashorn.°

rabbits
chickens
rhinoceros

Und das Panzernashorn fand er schön.

Er ging in den Zoo und fand es da, und es stand in einem großen Gehege° und bewegte sich nicht.

enclosure

Und der Mann sah genau, wie das Panzernashorn versuchte zu denken und versuchte, etwas zu wissen, und er sah, wie sehr ihm das Mühe° machte.

effort

Und jedesmal, wenn dem Panzernashorn etwas einfiel,° rannte es los vor Freude, drehte° zwei, drei Runden im Gehege und vergaß dabei, was ihm eingefallen war, und blieb dann lange stehen—eine Stunde, zwei Stunden—und rannte, wenn es ihm einfiel, wieder los.

occurred (to one's mind) / turned

Und weil es immer ein kleines bißchen zu früh losrannte, fiel ihm eigentlich gar nichts ein.

„Ein Panzernashorn möchte ich sein", sagte der Mann, „aber dazu ist es jetzt wohl zu spät."

Dann ging er nach Hause und dachte an sein Nashorn. Und er sprach von nichts anderem mehr. „Mein Panzernashorn", sagte er, „denkt zu langsam und rennt zu früh los, und das ist recht so", und er vergaß dabei, was er alles wissen wollte, um es nicht mehr wissen zu wollen.

Und er führte sein Leben weiter wie vorher.

Nur, daß er jetzt noch Chinesisch konnte.

Fragen zum Inhalt

1. Was machte der Mann, als das Telefon läutete?
2. Warum ärgerte er sich?
3. Warum verklebte er die Fensterscheiben?
4. Was tat der Mann, als seine Frau das Licht andrehen wollte?

5. Warum weinte die Frau und was tat sie?
6. Welche Wirkung (*effect*) hatte das Verhalten (*behavior*) des Mannes auf die Leute?
7. Worüber (*what about*) begann der Mann nachzudenken?
8. Warum riß er die Fenster wieder auf?
9. Was tat er wochenlang?
10. Welche Dinge will er noch wissen?
11. Was machte das Panzernashorn jedesmal, wenn ihm etwas einfiel?
12. Warum möchte der Mann auch ein Panzernashorn sein?

Diskussionsthemen

1. Was ist die Moral dieser Geschichte?
2. Gibt es Dinge, die Sie vergessen möchten? Welche?
3. Was tun Sie, wenn Sie gewisse (*certain*) Dinge vergessen wollen?
4. Lernen Sie gern neue Dinge, nur um sie zu wissen oder um sie praktisch anwenden (*apply*) zu können?
5. Studieren Sie gern das Verhalten von Tieren im Zoo oder in der freien Natur?
6. Welche Tiere finden Sie besonders interessant? Warum?

Ballade von Leipzig nach Köln

Wolf Biermann

Wolf Biermann, born in Hamburg in 1936, is a poet, lyricist, and balladeer, whose fame is due in equal measure to his compelling poetic talent and his courage in expressing his political views through his art. He moved to East-Berlin in 1953, where the pungent "anti-Stalinist" satire of his verse and balladry soon aroused the ire of the regime. In 1965 he was forbidden to publish any of his works. Now living in West Germany, he is equally critical of the lax morals of a world dominated by the power of money. The following poem is a good example of his mordant wit.

Zur Messe in Leipzig,[1] ein Kaufmann aus Köln
War jung und war reich und war schön
„Du Blonde, du Weiche, ich heirate dich
Kannst mit mir nach Westen gehn."

Im Opel-Rekord[2] ging es leicht[3] nach Berlin
Nach Köln mit dem Flugzeug so schnell
„Du junger, du reicher, du schöner Mann
Jetzt heiraten wir auf der Stell!"° *on the spot*

Ach! mit dem Strom° fahrn[4] die Schiffe so schnell *river*
Auf dem Rhein dahin, dahin
Ach! gegen den Strom geht es langsam zurück
Ich weiß nicht, wie traurig ich bin[5]

„Du Blonde, du Weiche, wir heiraten nicht
Ich erbe° doch Vaters Fabrik *inherit*
Ich kauf dir ein Häuschen in Düsseldorf
Damit meine Frau uns nicht sieht."

[1] Leipzig, with about 600,000 inhabitants, is the second largest city in East Germany (after East-Berlin). Among many cultural and historic features, it is well known for its annual International Leipzig Fair which draws as many as 600,000 businessmen and scientists every year from all over the world.

[2] A German brand of automobile.

[3] **ging es leicht:** impersonal construction meaning "they traveled easily" . . .

[4] **fahrn** for **fahren** for the sake of the poetic meter.

[5] This line is an allusion to Heinrich Heine's (1797–1856) famous poem **Die Lorelei**, which starts:

Ich weiß nicht, was soll es bedeuten,
Daß ich so traurig bin;

Die Lorelei is an echoing rock on the Rhine river near Sankt Goarshausen. Legend has it that the Lorelei was a maiden who threw herself into the Rhine in despair over a faithless lover and was transformed into a siren who lured fishermen to destruction.

Heine's poem is the subject of a well-known folksong.

Biermann's satiric bent of mind has much in common with Heine's. The above ballad is taken from a collection of poems entitled **Deutschland, ein Wintermärchen** (*A Winter Fairy Tale*), which is also the title of one of Heine's best known collections of satiric poems on the Germany of his day.

Der Rhein fließt under den Brücken° hin — *bridges*
Das Wasser voll Öl und voll Ruß° — *soot*
Die Lorelei[5] stürzt° in den Rhein — *plunges*
Damit sie nicht singen muß

Ach! mit dem Strom fahrn die Schiffe so schnell
Auf dem Rhein dahin, dahin
Ach! gegen den Strom geht es langsam zurück
Ich weiß nicht, wie traurig ich bin

Fragen zum Inhalt

1. Was verspricht der Kaufmann aus Köln der „Blonden", „Weichen"?
2. Wie reisten die beiden von Leipzig nach Köln?
3. Worauf besteht (*insists*) die Blonde, nachdem sie in Köln angekommen sind?
4. Warum will der Kaufmann sie nicht heiraten?
5. Was will er ihr kaufen? Warum?

Diskussionsthemen

1. Was suggeriert die Strophe „Ach! mit dem Strom . . ." etc.?
2. Bei wem liegen Biermanns Sympathien?
3. Kennen Sie Heines Gedicht „Die Lorelei"? Kennen Sie die Melodie? Versuchen Sie, sie zu singen!

The following poem, „Nachricht“, is a caustic comment on the depressing course of events in the contemporary world.

Nachricht

Noch findet er statt
der Sonnenaufgang
Die dunkle Nacht, noch
wird sie veranstaltet[1]

Erstaunlich! Auch diese Früh° fand ich mich wieder
am Leben. Erleichtert° auch merkte° ich auf den Atem°
dicht neben mir: die Erde ist also noch immer bevölkert°

- *early this morning*
- *relieved / noticed*
- *breath*
- *populated*

Den Radiomeldungen° über die neuesten Fortschritte°
der kleinen Kriege kann ich beruhigt° entnehmen:°
Noch dauert an die Existenz der Gattung° Mensch

- *radio news*
- *advances*
- *calmly*
- *deduce from*
- *species*

Ausgerottet,° lese ich in der Abendzeitung
hat sich heute noch nicht, was da alltäglich°
nach Frieden schreit

- *stamped out*
- *every day*

Noch findet er statt
der Sonnenaufgang
Die dunkle Nacht, noch
wird sie veranstaltet

[1] *Lit.*: is still being organized. Here: is still there.

Fragen zum Inhalt

1. Was findet noch statt?
2. Was ist erstaunlich?
3. Wie merkt der Dichter, daß die Erde noch immer bevölkert ist?

4. Was kann er den Radiomeldungen beruhigt entnehmen?
5. Was hat sich noch nicht ausgerottet?

Diskussionsthemen

1. Was scheint die Wiederholung der ersten Strophe am Ende des Gedichts auszudrücken?
2. Meint es der Dichter ernst oder ironisch, wenn er sagt, daß er beruhigt ist durch die Radiomeldungen über die Fortschritte der kleinen Kriege?
3. Wen meint er mit dem Ausdruck „was da alltäglich nach Frieden schreit"?

7

Nummer 3364

Werner Schmidli

Werner Schmidli, born 1939 in Basle/Switzerland, depicts in his stories and novels the constraints and the need for modest economic security, as well as the occasional futile yearnings for emancipation characterizing the Swiss factory workers' milieu, in which he grew up. The following story (very slightly simplified) typifies that subject matter but is at the same time a satire on the industrial machine which tends to reduce its victims to mere numbers.

Die Fabrik ist sehr groß. Viele hohe Betongebäude° stehen neben noch höheren Kaminen.° Alle Gebäude tragen über dem Haupteingang eine Nummer. Die Arbeiter haben ihre Kontrollnum-

concrete buildings / chimneys

mer und die Nummer des Gebäudes, wo sie arbeiten, auf den Markierkarten.° Diese Nummern sind auch in ihre blauen Arbeitsuniformen eingenäht,° damit man die Uniformen nicht verwechselt,° wenn sie aus der Wäscherei° kommen. Im Personalbüro und im Lohnbüro° hat man die Nummern in eine Kartei° eingetragen.°

punch cards
sewn in
mix up / laundry
payroll office
file / recorded

Nummer 4482 ist in den letzten drei Wochen viermal zu spät zur Arbeit gekommen, im Gebäude 37. Man warnt ein letztes Mal: Wenn es wieder passiert, muß man ihn entlassen.° Von diesem Tag an zeigt seine Markierkarte nur noch blaue Zahlen, keine roten mehr[1].

dismiss

Zweitausendsechshundertdreiundvierzig Nummern zählt man im Lohnbüro. Manche schon viele Jahre, andere seit ein paar Monaten, oder Wochen, einige trägt man erst ein,° einige streicht° man, bei Todesfall° oder Entlassung, und überträgt° sie auf eine andere Karte. Verloren geht keine.°

records
erases / case of death
transfers
none gets lost

Wenn einer wegen Krankheit oder Urlaub oder Unfall seinen ausstehenden Lohn° abholen muß, so fragt man ihn auf dem Lohnbüro nicht nach seinem Namen, sondern nach seiner Abteilungs-° und Kontrollnummer. Seinen Namen schreibt er dann auf den Empfangszettel.°

salary in arrears
department
receipt

In einer großen Fabrik muß Ordnung herrschen.° Walter Heeresberger verläßt stolz das Personalbüro der Fabrik. Man hat ihn eingestellt.°

reign
hired

3364, liest er auf seiner Markierkarte, Gebäude 112. Mit dieser Nummer wickelt sich ein großes Stück seines Lebens ab.° Sie greift° auch in sein Privatleben. In den Büros hat man ein schriftliches[2] Auge auf ihn. 3364 hat sich ver-

is connected / reaches

[1] The red numbers indicate absences.

[2] *Lit.*: They have an eye "in writing" on him. Meaning: Everything he does is meticulously recorded.

heiratet! Dadurch erhält er soundsoviel mehr Lohn.

Er sagt es stolz seiner jungen Frau. Die Frau sagt es ihrer Mutter. Die Mutter sagt es ihrem Mann. Und der Mann sagt: Es ist eine gute Fabrik, ich habe dort 34 Jahre gearbeitet!

Der Mann sagt es, die alte Frau sagt es, die junge Frau sagt es, die Arbeitskollegen sagen es, die Verwandtschaft° sagt es, die Freunde sagen es, und so ergibt° er sich, obwohl er sich für etwas anderes berufen° fühlt. Das sagt er auch. Aber man schneidet ihm das Wort ab:[3] wenn man von Sicherheit° und Ordnung spricht, muß er schweigen.°

relatives
surrenders
destined
security
be silent

Die Frau von 3364 hat ein Kind bekommen. So bekommt 3364 Kinderzulage.° Und das bekommt sie noch zwei weitere Male.°

dependent's allowance
times

So kommt es, daß er Nummer 3364 bleiben wird. Er macht seine wöchentliche Arbeit; rote Zahlen kann man auf seiner Markierkarte selten unter den blauen finden: 3364 kommt pünktlich zur Arbeit. Und macht pünktlich Feierabend.°

stops working

3364 arbeitet seit 25 Jahren in der Fabrik, stellen die Leute im Büro fest.° Ein Kollege schreibt einen Lebenslauf° für die Hauszeitschrift,° Bekannte und Freunde gratulieren mit einem festen Händedruck° und ein paar Flaschen Wein, die Geschäftsleitung° tut es schriftlich und mit einem Geschenk: eine goldene Armbanduhr.°

determine
biography
in-house news letter
handshake
management
wrist watch

Eines Tages hören die Leute auf dem Büro: Nummer 3364 ist von der einen Karte auf die andere zu übertragen. Schriftliches Beileid° der Geschäftsleitung, zwei Kränze,° ein Kranz der Arbeitskollegen.

condolences
wreaths

Die Frau, die Witwe, bekommt nun eine Rente —von Nummer 3364.

[3] *Lit.*: But one cuts off his words. Meaning: But they interrupt him.

Fragen zum Inhalt

1. Was haben die Arbeiter auf ihren Markierkarten?
2. Warum sind die Nummern auch in die Arbeitsuniformen eingenäht?
3. Was bedeuten die blauen Zahlen und was die roten?
4. Wieviele Menschen arbeiten in der Fabrik?
5. In welchem Fall überträgt man die Nummern im Lohnbüro auf andere Karten?
6. Warum hat man im Lohnbüro kaum Interesse an den Namen der Arbeiter?
7. Wer ist Nummer 3364?
8. Ist Walter Heeresberger verheiratet? Hat er Kinder?
9. Was passiert, nachdem Nummer 3364 25 Jahre in der Fabrik gearbeitet hat?
10. Warum ist die Nummer 3364 eines Tages von der einen Karte auf eine andere zu übertragen?

Diskussionsthemen

1. Was will der Autor Werner Schmidli mit diesem Bericht (*report*) sagen?
2. Haben Sie selbst einmal (zum Beispiel in den Semesterferien) in einer großen Fabrik gearbeitet?
3. Gab es dort auch Markierkarten?
4. Was halten Sie von Nummern anstatt Namen?
5. In Deutschland gibt es jetzt ein Datenschutzgesetz (*data protection law*). Die Firmen dürfen jetzt nicht mehr nach allen persönlichen Daten fragen. Gibt es so etwas auch in den USA? Wenn nicht, sollte es so etwas geben?
6. Was hat uns der Computer gebracht? Nur Positives oder nur Negatives? Diskutieren Sie über diese Frage.

Eine Oper: „Der Rosenkavalier"

Die Oper ist ein musikalisches Genre, das in deutschsprechenden Ländern noch ein großes Publikum hat, obwohl moderne Komponisten kaum mehr Opern im traditionellen Sinn° komponieren.

Eines der schönsten Werke unter den Opern ist „Der Rosenkavalier" von Richard Strauß,[1] am Anfang des zwanzigsten Jahrhunderts in Zusammenarbeit° mit dem österreichischen Dichter°

- *sense*
- *collaboration / poet*

[1] Richard Strauß, 1864–1949, was one of the leading composers and conductors of the early part of the 20th century. He is especially noted for his operas, primarily "Der Rosenkavalier" (The Knight of the Rose).

und Schriftsteller° Hugo von Hofmannsthal[2] komponiert, der das Libretto dazu schrieb.

„Der Rosenkavalier" ist eine der letzten im zwanzigsten Jahrhundert geschriebenen Opern, deren Thema sich mit dem Leben und den Werten° einer vergangenen° Epoche und deren Gesellschaft° befaßt.° In diesem Sinne enthält sie gewisse „romantische" Elemente. Die Handlung° spielt zwar im achtzehnten Jahrhundert zur Zeit der Kaiserin° Maria Theresia[3], drückt aber auch gleichzeitig die romantische Sehnsucht° der Generation vor dem Ersten Weltkrieg aus.°

Diese Oper enthält einige Szenen, die deutlich an Mozart erinnern. Aber einige ihrer schönsten Melodien haben den Rhythmus eines Wiener Walzers. Die Musik ist feinfühlig° und berauschend° zugleich° und mit genialem Können° orchestriert. Und in Hofmannsthals Libretto sprechen und handeln die Menschen natürlich, das heißt wie Menschen ihrer Zeit. Dennoch gelingt es Hofmannsthal, die Handlung dramatisch zu gestalten° und das etwas melancholische Thema mit heiterem° Humor aufzulockern.°

Man kann die Handlung der Oper in wenigen Sätzen zusammenfassen.° Marie Therese, die Frau des Feldmarschalls Prinz von Werdenberg (daher ihr Titel: die Marschallin[4]) hat eine Liebesaffaire mit dem sehr viel jüngeren Grafen° Octavian. Eines Morgens erscheint° Baron von Ochs, ein Bekannter der Marschallin. Octavian hat gerade noch Zeit, sich als Zimmermädchen° zu verkleiden.° Baron von Ochs, ein etwas bäu-

writer
values / past
society / deals with
plot
Empress
longing
expresses
sensitive
rapturous / at the same time / with ingenious know-how
form
cheerful / to lighten up
summarize
count
appears
chambermaid
disguise

[2] Hugo von Hofmannsthal, 1874–1929, Austrian poet, dramatist and essayist.

[3] Maria Theresia, 1717–1780, Empress of Austria, an important figure in 18th-century European politics and one of the most capable rulers of the Hapsburg dynasty. In her youth she was known for her fondness of music and dancing.

[4] Until recently, in German-speaking countries, especially in Austria, the wife was commonly addressed by the title of her husband.

rischer° Don Juan, hat sich kürzlich verlobt° und bittet die Marschallin, ein Verlobungsgeschenk° von ihm—eine silberne Rose—seiner Verlobten überbringen° zu lassen. Die Marschallin verspricht ihm, Octavian mit dem Geschenk loszuschicken.° Als Octavian die Verlobte des Barons sieht, ist er sofort in sie verliebt.° Sophie von Faninal, die Verlobte, will Baron von Ochs nicht heiraten. Ihr Vater, ein reicher Bürger, will sie aber dazu zwingen,° weil er gern seine Tochter mit einem Adligen° verheiraten möchte. Octavian und seine Freunde denken sich einen Plan aus, den Baron als Schürzenjäger° bloßzustellen.° Als Zimmermädchen verkleidet bittet Octavian den Baron zu einem Rendez-vous. Er gibt sich schließlich als Octavian zu erkennen° und stellt so den Baron vor aller Welt bloß. Die Marschallin erscheint und muß traurig erkennen, daß sie den geliebten Octavian seiner jungen Liebe überlassen° muß. In der feinfühligen Schlußszene kommt ein Kind, löscht die Kerzen aus° und hebt Sophies Taschentuch° auf, das sie fallen gelassen hat.

Auch die Zuschauer möchten fast zu ihren Taschentüchern greifen.° Vor ihren Augen hat sich ein sehr menschliches Schicksal° abgespielt.° Und mit dem Auslöschen der Kerzen scheint eine der schönsten Kulturepochen für immer entschwunden° zu sein.

boorish / *got engaged*
engagement present
deliver
to send off
falls in love
force
nobleman
lit.: *skirt-chaser* / *to expose*
reveals his identity
relinquish
extinguishes
handkerchief
reach for
fate / *unfolded*
disappeared

Fragen zum Inhalt

1. Ist die Oper in den deutschsprechenden Ländern heute noch populär?
2. Wer hat die Musik und wer den Text zum „Rosenkavalier" geschrieben?
3. Wie handeln die Menschen in Hofmannsthals Libretto?
4. Mit wem hat die Marschallin eine Liebesaffaire?
5. Sophie, die Verlobte des Baron von Ochs, will den Baron nicht heiraten. Warum nicht?
6. Warum will ihr Vater sie zu dieser Heirat zwingen?

7. Wie gelingt es Octavian, den Baron bloßzustellen?
8. Was macht das Kind in der Schlußzene? Wofür ist das ein Symbol?

Diskussionsthemen

1. Haben Sie die Oper „Der Rosenkavalier" schon einmal gesehen, oder haben Sie eine Schallplatte von dieser Oper? Wie finden Sie sie?
2. Sind Sie ein Freund von Opern, oder sehen Sie lieber Musicals?
3. Gibt es in Ihrer Stadt Opernaufführungen?
4. Kennen Sie einige Melodien aus bekannten Opern? Welche?
5. Welche Art von Musik mögen Sie am liebsten?

Wenn die Haifische° Menschen wären

sharks

Bertolt Brecht

Bertolt Brecht (1898–1956), poet, playwright and theatrical reformer, whose theory of the "epic theatre," which departed from the conventions of theatrical illusion, had a lasting impact on contemporary drama. An erstwhile medical student, he abandoned his studies to devote himself fully to his art. One of his best known works is the Threepenny Opera *(1928). Opposed to the emerging Nazi regime, he left Germany, traveled through many countries, and finally settled in Hollywood. After the war he returned to East-Berlin where he founded the* Berliner Ensemble, *one of the most influential theatrical companies in the modern world. A pacifist at heart, his antipathy for middle-class society often took the form of Marxism, although he never became a propagandist for the East German régime. A prolific talent, he wrote drama, poetry as well as prose. In all literary genres, his virulent social satire is very much in evidence, as is the case also in the following prose piece (very slightly simplified).*

„Wenn die Haifische Menschen wären", fragte Herrn K. die kleine Tochter seiner Wirtin,° „wären sie dann netter zu den kleinen Fischen?"— „Sicher," sagte er. „Wenn die Haifische Menschen wären, würden sie im Meer für die kleinen Fische gewaltige° Kästen° bauen lassen, mit allerhand° Nahrung° drin, . . . Sie würden sorgen,° daß die Kästen immer frisches° Wasser hätten, und sie würden überhaupt allerhand sanitäre Maßnahmen treffen.° Wenn zum Beispiel ein Fischlein sich die Flosse° verletzen° würde, dann würde ihm sogleich ein Verband° gemacht, . . . Damit die Fischlein nicht trübsinnig° würden, gäbe es ab und zu große Wasserfeste; denn lustige Fischlein schmecken besser als trübsinnige. Es gäbe natürlich auch Schulen in den großen Kästen. In diesen Schulen würden die Fischlein lernen, wie man in den Rachen° der Haifische schwimmt. Sie würden zum Beispiel Geographie brauchen, damit sie die großen Haifische, die faul° irgendwo° liegen, finden könnten. Die Hauptsache wäre natürlich die moralische Ausbildung der Fischlein. Sie würden unterrichtet werden,° daß es das Größte und Schönste sei, wenn ein Fischlein sich freudig aufopfert,° und daß sie alle an die Haifische glauben° müßten, vor allem wenn sie sagten, sie würden für eine schöne Zukunft sorgen.° Man würde den Fischlein beibringen,° daß diese Zukunft nur gesichert sei,[1] wenn sie Gehorsam° lernten. Vor allen niedrigen,° materialistischen, egoistischen und marxistischen Neigungen° müßten sich die Fischlein hüten° und es sofort den Haifischen melden, wenn eines von ihnen solche Neigungen verriete.° Wenn die Haifische Menschen wären, würden sie natürlich auch untereinander Kriege führen, um fremde Fischkästen und fremde Fischlein zu erobern.° Die Kriege

landlady
enormous / hutches / all kinds
nourishment / see to it / fresh
take sanitary measures
fin / injure
band aid
dejected
jaws
lazy / somewhere
would be instructed
sacrifices itself
believe in
assure
teach
obedience
low
inclinations
beware of
revealed
conquer

[1] **sei** = a special subjunctive form (at times called **subjunctive I**).

würden sie von ihren eigenen Fischlein führen lassen. Sie würden die Fischlein lehren, daß zwischen ihnen und den Fischlein der anderen Haifische ein riesiger° Unterschied° bestehe. Die Fischlein, würden sie sagen, sind bekanntlich stumm,° aber sie schweigen° in ganz verschiedenen Sprachen und können einander daher unmöglich verstehen. Jedem Fischlein, das im Krieg ein paar andere Fischlein, feindliche,° in anderer Sprache schweigende Fischlein tötete, würden sie einen kleinen Orden° und den Titel Held° verleihen.° Wenn die Haifische Menschen wären, gäbe es bei ihnen natürlich auch eine Kunst. Es gäbe schöne Bilder, auf denen die Zähne der Haifische in prächtigen° Farben, ihre Rachen als reine Lustgärten,° in denen es sich prächtig tummeln läßt,[2] dargestellt wären. Die Theater auf dem Meeresgrund würden zeigen, wie heldenmütige° Fischlein begeistert in die Haifischrachen schwimmen, und die Musik wäre so schön, daß die Fischlein unter ihren Klängen° . . . träumerisch° . . . in die Haifischrachen strömten.° Auch eine Religion gäbe es da, wenn die Haifische Menschen wären. Sie würde lehren, daß die Fischlein erst im Bauch der Haifische richtig zu leben begännen. Übrigens würde es auch aufhören, wenn die Haifische Menschen wären, daß alle Fischlein, wie es jetzt ist, gleich sind. Einige von ihnen würden Ämter° bekommen und über die anderen gesetzt werden. Die ein wenig größeren dürften sogar die kleineren auffressen.° Das wäre für die Haifische nur angenehm, da sie dann selber öfter größere Brocken° zu fressen bekämen. Und die größeren, Ämter habenden Fischlein würden für die Ordnung unter den Fischlein sorgen, Lehrer, Offiziere, Ingenieure . . . usw. werden. Kurz, es gäbe überhaupt erst eine Kultur im Meer, wenn die Haifische Menschen wären."

gigantic / difference
mute / remain silent
hostile
medal / hero
bestow
sumptuous
pleasure gardens
heroic
sounds
dreamily / stream
(public) offices
gobble up
morsels

[2] **Es . . . läßt** = where one can romp around beautifully.

Fragen zum Inhalt

1. Was würden die Haifische bauen lassen, wenn sie Menschen wären? Für wen?
2. Wofür würden sie sorgen?
3. Was gäbe es, damit die Fischlein nicht trübsinnig würden?
4. Was würden die Fischlein in den Schulen lernen?
5. Was wäre die Hauptsache?
6. Von wem würden die Haifische die Kriege führen lassen?
7. Wem würden sie Orden und den Titel Held verleihen?
8. Was sähe man auf den Bildern?
9. Was würde die Religion lehren?
10. Wer dürfte wen auffressen?
11. Wer würde für Ordnung sorgen?
12. Wann gäbe es erst eine Kultur im Meer?

Diskussionsthemen

1. Für wen sind die Haifische ein Symbol?
2. Wen stellen die kleinen Fische dar?
3. Was für eine Meinung hat Brecht von der menschlichen Kultur?
4. Brecht verwendet die „irreale" Konditionalform. Warum ist das in diesem Fall ironisch?

Eine Theateraufführung° in Ost-Berlin

theater performance

Ein kühler Sommerabend. Wir gehen zu einer Theateraufführung der Volksbühne[1] am Luxemburgplatz in Ost-Berlin. Auf dem Programm steht „Weiber-Komödie,"° ein Stück von Heiner Müller, einem Dramatiker, der in der DDR sehr beliebt° und auch über die Grenzen° seines Landes hinaus bekannt ist.

Women's Comedy
well liked
borders

Der Theatersaal,° der von mittlerer Größe und einfach eingerichtet° ist, ist bis auf den letzten Platz besetzt,° besonders von jungen Leuten.

theater auditorium
furnished
filled

[1] **Volksbühne**, *lit.*: the popular stage, usually a municipal theater in a big city where the more popular plays and operettas are performed.

Wir erhalten zwei Programme. Das eine enthält die Namen des Regisseurs,° der Schauspieler° und ihrer Rollen und der technischen Mitarbeiter. Das andere ist eine Einführung° in das Thema des Theaterstückes und enthält verschiedene Zitate° von etwas didaktischer Natur aus Theaterstücken von Aristophanes,[2] Ibsen[3] und weniger bekannten Autoren, aus den Schriften° von Bertolt Brecht,[4] Karl Marx[5] und anderer Sozialreformer wie August Bebel,[6] und sogar einen Vers aus dem 1. Korintherbrief von Paulus.[7] Auch eine kleine Abhandlung° des irischen Dramatikers Sean O'Casey[8] über ,,Die Macht° des Lachens—eine Waffe° gegen das Böse'',° befindet sich darin. Alle diese Zitate sollen das Thema von Heiner Müllers ,,Weiber-Komödie'' illustrieren.

director / actors
introduction
quotations
writings
treatise
power
weapon / evil

Da heißt es zum Beispiel: ,,Die Frau hat das gleiche Recht wie der Mann auf Entfaltung° ihrer Kräfte und auf freie Betätigung° derselben; sie ist ein Mensch wie der Mann und soll die Freiheit haben, über sich zu verfügen° als ihr eigener Herr. Der Zufall,° als Frau geboren zu sein, darf daran nichts ändern.''[9]

development
application
decide
coincidence

Das Stück hat offensichtlich° gesellschaftskritischen° Charakter und behandelt° die Frage der Emanzipation der Frau im zwanzigsten Jahrhundert.

obviously
critical of society / deals with

[2] Aristophanes, 450 B.C.–388 B.C., the greatest representative of ancient Greek comedy.

[3] Henrik Ibsen, 1828–1906, poet and playwright, creator of modern realistic drama.

[4] Bertolt Brecht, 1898–1956, poet, playwright and one of the most influential theatrical reformers of the 20th century.

[5] Karl Marx, 1818–1883, revolutionist, sociologist and economist, founder of Marxism.

[6] August Bebel, 1840–1913, co-founder of the German Social Democratic party and its most influential leader for over 40 years.

[7] The First Epistle to the Corinthians by St. Paul.

[8] Sean O'Casey, 1880–1964, Irish playwright renowned for realistic dramas of the Dublin slums in war and revolution.

[9] Quoted from August Bebel: "Die Frau und der Sozialismus."

Eine Hausfrau, mit dem Namen Emma Kaschiebe, will an einem Bauprojekt° mitarbeiten, das für den materiellen Fortschritt° ihrer Heimatstadt wichtig ist. Um zur Baustelle° zu gelangen,° benötigt° sie ein Verkehrsmittel.° Und so kämpft sie mit ihrem Mann um das einzige Fahrrad, das sie besitzen, und triumphiert schließlich nach vielen Zwischenfällen.° Aber worum sie kämpft, ist nicht nur das Fahrrad, sondern ihre Befreiung aus der häuslichen Umklammerung° und den Fortschritt ihrer Gesellschaft.° So wird das Fahrrad zum Symbol ihres Emanzipationskampfes.

construction project
progress
construction site
get to / needs / means of transportation
incidents
entrapment
society

Trotz seiner lehrhaften° Intention enthält das Stück einige humorvolle Situationen und zeichnet sich durch witzigen° Dialog aus,° worin die Schauspieler großes technisches Können zeigen und besonders die Hauptdarstellerin° durch ihr Talent überzeugt.° Sie ist offensichtlich der Liebling° des Publikums.

didactic
witty / distinguishes
principal actress
convinces
darling

Der Vorhang° fällt, und brausender° Applaus ruft die Schauspieler mehrere Male auf die Bühne zurück, bevor die Menge° langsam den Saal verläßt.

curtain / roaring
crowd

Fragen zum Inhalt

1. Wo befindet sich die Volksbühne in Ost-Berlin?
2. Wie heißt das Stück, das aufgeführt wird?
3. Wer hat es geschrieben?
4. Was für ein Theatersaal ist es?
5. Was enthält das eine Programm?
6. Was enthält das andere?
7. Worauf sollen die Zitate den Zuschauer vorbereiten?
8. Was für einen Charakter hat das Stück?
9. Woran will Emma Kaschiebe mitarbeiten?
10. Was benötigt sie dazu?
11. Worum kämpft sie?

12. Wozu wird das Fahrrad?
13. Wodurch zeichnet sich das Stück aus?
14. Was zeigen die Schauspieler?
15. Wie ist der Applaus?

Diskussionsthemen

1. Was halten Sie von dem Zitat aus August Bebels „Die Frau und der Sozialismus"?
2. Kennen Sie Theaterstücke, zum Beispiel von Aristophanes, Ibsen oder einem anderen Dramatiker, die das Thema der Emanzipation der Frau behandeln? Wenn ja, welche(s)?
3. Versuchen Sie, den Inhalt des Stückes ganz kurz zu erzählen.
4. Gibt es bei Ihnen ein Theater? Gehen Sie manchmal hin?
5. Haben Sie ein Lieblingsstück? Wenn ja, warum gefällt Ihnen das Stück ganz besonders?

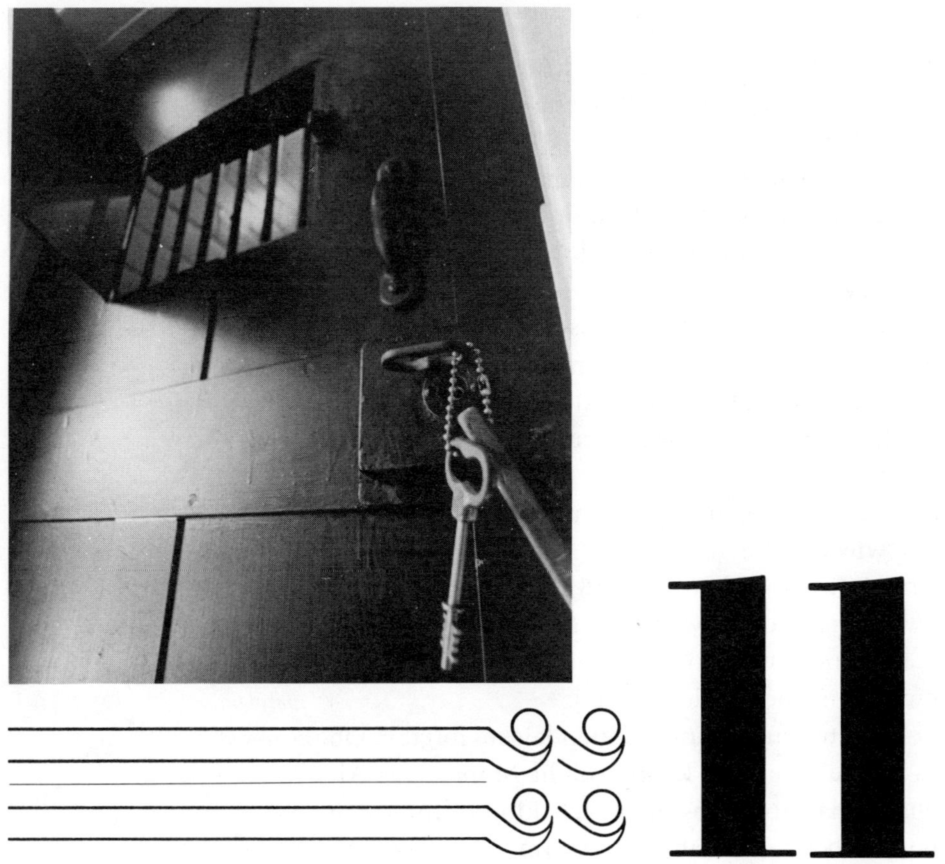

11

Die Aussage

Günther Weisenborn

Günther Weisenborn, born 1902 in the Rhineland, is a well-established dramatist, novelist and short-story writer. After having studied Medicine and Germanics, he became quickly known as a talented young dramatist. He emigrated to Argentina where he continued to write, although the publication of his works in his homeland was prohibited by the Nazi Regime. He returned to Germany in 1937 and participated courageously in the resistance movement against the Nazis. Arrested by the Gestapo in 1942, he spent three years in prison. Liberated by the Russians, he opted to live in West Germany. Ever since, he has written a great number of dramas, novels and stories which are pungent commentaries on the social and moral problems of the post-war world or reflect his experiences as a resistance fighter and political prisoner. The following story is a tribute to the humanity and courage of his fellow-combatants in the resistance movement.

Als ich abends gegen zehn Uhr um mein Leben° klopfte,° lag ich auf der Pritsche° und schlug mit dem Bleistiftende unter der Wolldecke° an die Mauer. Jeden Augenblick flammte das Licht in der Zelle auf,° und der Posten blickte durch das Guckloch.° Dann lag ich still.

for my life / *knocked* / *plank bed* / *blanket* / *flamed up* / *peep hole*

Ich begann als Eröffnung° mit gleichmäßigen° Takten. Er erwiderte° genauso. Die Töne waren fein und leise wie sehr entfernt.° Ich klopfte einmal—a, zweimal—b, dreimal—c.

for starters / *regular* / *replied* / *distant*

Er klopfte unregelmäßig zurück. Er verstand nicht.

Ich wiederholte, er verstand nicht.

Ich wiederholte hundertmal, er verstand nicht.

Ich wischte mir den Schweiß ab,° um meine Verzweiflung° zu bezwingen.° Er klopfte Zeichen, die ich nicht verstand, ich klopfte Zeichen, die er nicht verstand. Ratlosigkeit.°

wiped off / *desperation* / *conquer* / *perplexity*

Er betonte° einige Töne, denen leisere folgten. Ob es Morse[1] war? Ich kannte nicht Morse. Das Alphabet hat 26 Buchstaben. Ich klopfte für jeden Buchstaben° die Zahl, die er im Alphabet einnahm:° für h achtmal, für p sechzehnmal.

stressed / *letter* / *occupied*

Es tickten° andere Takte herüber, die ich nicht begriff. Es schlug zwei Uhr. Wir mußten uns unbedingt verständigen.

ticked

Ich klopfte:

.=a, ..=b, ...=c

Ganz leise und fern die Antwort:

-.-.-..

Keine Verständigung. In der nächsten Nacht jedoch kam es plötzlich herüber, ganz leise und sicher:

.,..,...

Dann die entscheidenden° Zeichen: zweiundzwanzig gleiche Klopftöne. Ich zählte mit, das mußte der Buchstabe V sein. Dann fünf Töne. Es folgte ein R, das ich mit atemlos° kalter Präzision

decisive / *breathless*

[1] The Morse Code.

auszählte. Danach ein S, ein T, ein E, ein H, ein E.

... verstehe ...

Ich lag starr° und glücklich unter der Wolldecke. Wir hatten Kontakt von Hirn° zu Hirn, nicht durch den Mund, sondern durch die Hand.
Unser Verstand hatte die schwere Zellenmauer des Gestapokellers überwunden.° Ich war naß vor Schweiß, überwältigt° von Kontakt. Der erste Mensch hatte sich gemeldet. Ich klopfte nichts als:

stiffly / *brain* / *conquered* / *overcome*

... gut ...

Es war entsetzlich° kalt, ich ging den Tag etwa 20 Kilometer in der Zelle auf und ab, machte im Monat 600, in neun Monaten 5400 Kilometer, von Paris bis Moskau etwa, wartende Kilometer, fröstelnd,° auf mein Schicksal° wartend, das der Tod sein mußte. Ich wußte es, und der Kommissar hatte gesagt, daß bei mir „der Kopf nicht dran"° bleiben würde.
Die zweite Aussage° lag eben vor,° daran war nichts zu ändern. Es war nur eine Hoffnung, wenn K. diese Aussage zurücknehmen würde. In der Nacht klopfte ich ihn an:

dreadfully / *shivering / destiny* / *= daran* / *deposition / had been made*

„Du ... mußt ... deine ... Aussage ... zurücknehmen ..."
Er klopfte zurück:
„Warum?"
Ich: „Ist ... zweite ... Aussage ... gegen ... mich ... bedeutet ... Todesurteil° ..."
Er: „Wußte ... ich ... nicht ..."
Ich: „Wir ... sind ... nicht ... hier ... um ... Wahrheit ... zu ... sagen ..."
Er: „Nehme ... zurück ..."
Ich: „Danke ..."
Er: „Morgen ..."
Ich: „Was ... brauchst ... du ... ?"
Er: „Bleistift ..."

death sentence

Ich: „Morgen . . . Spaziergang . . .“

Es wurde plötzlich hell. Das Auge der SS blickte° herein. Ich lag still unter der Decke. Es wurde wieder dunkel. Ich hatte Tränen° in den Augen.

„Nehme zurück.“ Das werde ich nie vergessen. Es kam ganz fein und leise taktiert durch die Wand. Eine Reihe von kaum wahrnehmbaren° Tönen, und es bedeutete, daß für mich die Rettung° unterwegs war. Sie bestand diese Nacht nur im Gehirn[2] eines Todeskadidanten, drüben in Zelle acht, unsichtbar, winzig.° Morgen würden es oben Worte werden, dann würde es ein unterschriebenes Protokoll im Büro sein, und eines Tages würde dies alles dem Gericht° vorliegen.

„Dank in die Ewigkeit,° K.!“

Ich brach von meinem Bleistift die lange Graphitspitze° ab und trug sie während des Spaziergangs bei mir. Es gingen ständig° sechs Mann, immer dieselben, die ich nicht kannte, im Kreis um den engen Gestapohof.[3] Zurückgekehrt standen wir auf unserem Flur° zu drei Mann, weit voneinander entfernt, und warteten einige Sekunden, bis der Posten uns nachkam. Ich eilte heimlich° auf Zelle acht zu, riß die Klappe° auf,° warf die Bleistiftspitze hinein, schloß die Klappe lautlos und stellte mich eilig° an meinen Platz. Ich werde nie das erstaunte Aufblicken° seiner sehr blauen Augen, sein bleiches° Gesicht, die Hände, die gefesselt° vor ihm auf dem Tisch lagen, vergessen. Der Posten kam um die Ecke. Das Herz schlug mir bis in den Hals. Wir wurden eingeschlossen. Später klopfte es: „Danke . . . habe . . . Aussage . . . zurückgenommen.“

Ich war gerettet.

Vielleicht.

peered
tears
perceptible
deliverance
minuscule
court of law
eternity
graphite point
continuously
corridor
furtively
lid / flung open
hastily
glance
pale
shackled

[2] **Gehirn** and **Hirn** are both correct.

[3] The court yard of the Gestapo (building).

Fragen zum Inhalt

1. Worauf lag der Gefangene (*prisoner*)?
2. Was machte er mit dem Bleistiftende?
3. Warum wischte sich der Gefangene den Schweiß ab?
4. Wie oft klopfte er für jeden Buchstaben im Alphabet?
5. Was hatte der Verstand überwunden?
6. Was machte der Gefangene in der Zelle, um sich warm zu halten?
7. Was hatte der Kommissar gesagt?
8. Welche einzige (*sole*) Hoffnung hatte der Gefangene?
9. Was versprach der andere Gefangene?
10. Was bedeutete dieses Versprechen für den ersten Gefangenen?
11. Was tat er während des Spazierganges und auf dem Flur?
12. Was wird er nie vergessen?

Diskussionsthemen

1. Was für Gefangene sind die beiden Helden dieser Geschichte?
2. Wer hält sie gefangen?
3. Zu welcher Zeit spielt sich diese Geschichte ab (*take place*)?
4. Was heißt Gestapo?
5. Glauben Sie, daß der zweite Gefangene mit dem Leben davonkam? Hat er sich für den ersten aufgeopfert (*sacrificed himself*)?

12

San Salvador

Peter Bichsel[1]

In the following story Bichsel depicts the vain dreams of a man about escaping from his environment and the constraining habits of his daily life to some exotic region. San Salvador could refer to an area in the Bahamas or the capital of El Salvador in Central America. By all means, the title (in Spanish Salvador = Savior) suggests the man's yearning for "salvation" from his lot. Again, as in the earlier story, the succinct, limpid style ironically underscores the complexity of the problem.

Er hatte sich eine Füllfeder° gekauft. — *fountain pen*

Nachdem er mehrmals seine Unterschrift, dann seine Initialen, seine Adresse, einige Wellenli-

[1] See introduction to Peter Bichsel in Chapter 5.

nien,° dann die Adresse seiner Eltern auf ein Blatt gezeichnet° hatte, nahm er einen neuen Bogen,° faltete° ihn sorgfältig° und schrieb: „Mir ist es hier zu kalt", dann, „ich gehe nach Südamerika", dann hielt er inne,° schraubte° die Kappe auf die Feder, betrachtete den Bogen und sah, wie die Tinte eintrocknete° und dunkel wurde (in der Papeterie° garantierte man, daß sie schwarz werde), dann nahm er seine Feder erneut° zur Hand und setzte noch seinen Namen Paul darunter. Dann saß er da.

Später räumte° er die Zeitungen vom Tisch, überflog° dabei die Kinoinserate,° dachte an irgend etwas, schob den Aschenbecher beiseite,° zerriß den Zettel° mit den Wellenlinien, entleerte° seine Feder und füllte sie wieder. Für die Kinovorstellung war es jetzt zu spät.

Die Probe° des Kirchenchores° dauert bis neun Uhr, um halb zehn würde Hildegard zurück sein. Er wartete auf Hildegard. Zu alldem° Musik aus dem Radio. Jetzt drehte er das Radio ab.°

Auf dem Tisch, mitten auf dem Tisch, lag nun der gefaltete Bogen, darauf stand in blauschwarzer Schrift sein Name Paul.

„Mir ist es hier zu kalt", stand auch darauf.

Nun würde also Hildegard heimkommen, um halb zehn.

Es war jetzt neun Uhr. Sie läse seine Mitteilung,° erschräke° dabei, glaubte wohl das mit Südamerika nicht, würde dennoch die Hemden im Kasten° zählen, etwas müßte ja geschehen sein.

Sie würde in den „Löwen"[2] telefonieren.

Der „Löwen" ist mittwochs geschlossen.

Sie würde lächeln und verzweifeln° und sich damit abfinden,° vielleicht.

Sie würde sich mehrmals die Haare aus dem Gesicht streichen,° mit dem Ringfinger der linken

wavy lines
drawn / sheet
folded / carefully
stopped / screwed
dried up
stationery store
anew
cleared away
skimmed through / movie ads
pushed aside
slip of paper / emptied
rehearsal / church choir
in addition
turned off
message
would be startled
closet
despair
put up with
push out

[2] „Zum Löwen" = "To the Lion," name of a restaurant or beerhall.

Hand beidseitig° der Schläfe entlangfahren,° dann langsam den Mantel aufknöpfen.°

Dann saß er da, überlegte,° wem er einen Brief schreiben könnte, las die Gebrauchsanweisung° für den Füller° noch einmal—leicht nach rechts drehen—las auch den französischen Text, verglich° den englischen mit dem deutschen, sah wieder seinen Zettel, dachte an Palmen, dachte an Hildegard.

Saß da.

Und um halb zehn kam Hildegard und fragte: „Schlafen die Kinder?"

Sie strich sich die Haare aus dem Gesicht.

on both sides / pass over
unbutton
pondered
directions
fountain pen
compared

Fragen zum Inhalt

1. Was zeichnete der Mann mehrmals auf ein Blatt?
2. Was schrieb er auf einen neuen Bogen?
3. Was machte er, nachdem er seinen Namen unter die Mitteilung gesetzt hatte?
4. Wozu war es jetzt zu spät?
5. Wer ist Hildegard? Warum ist sie nicht zu Hause?
6. Wie, dachte der Mann, würde Hildegard auf die Mitteilung reagieren?
7. In welchen Gesten (*gestures*) würde sich ihre Emotion ausdrücken?
8. Was las der Mann noch?
9. Woran dachte er noch?
10. Wie begrüßte ihn Hildegard, als sie heimkam?

Diskussionsthemen

1. Welche symbolische Bedeutung hat der Name „San Salvador" in dieser Geschichte?
2. Sagt der Mann wohl die ganze Wahrheit, wenn er schreibt, es sei ihm „hier zu kalt"?
3. Welches innere Dilemma drückt sich in dem Satz „. . . dachte an Palmen, dachte an Hildegard" aus?
4. Träumen Sie oft davon, irgendwo in der Welt ein neues Leben zu beginnen? Wenn ja, wo und warum?

VOCABULARY

A

ab·brechen (bricht ab), brach ab, ist abgebrochen to break off (11)

der **Abend, -e** evening (3)

abends in the evenings (11)

die **Abendzeitung, -en** evening paper (6)

das **Abenteuer, -** adventure (4)

ab·fahren (fährt ab), fuhr ab, ist abgefahren to depart, leave (1)

sich **ab·finden, fand ab, abgefunden** to put up with (12)

ab·halten (hält ab), hielt ab, abgehalten to keep out (5)

die **Abhandlung, -en** treatise (10)

ab·holen to pick up (7)

ab·nehmen (nimmt ab), nahm ab, abgenommen to take off (5)

ab·rufen, rief ab, abgerufen to call off (7)

ab·schneiden, schnitt ab, abgeschnitten to cut off (7)

sich **ab·spielen** to take place (11)

die **Abteilung, -en** department (7)

ab und zu once in a while (9)

ab·warten to wait (1)

sich **ab·wickeln** to take place (7)

ab·wischen to wipe off (11)

adlig noble (8)
die **Adresse, -n** address (12)
allein alone (2)
allerdings however (3)
das **Alphabet, -e** alphabet (11)
alt old (3)
andere other (5)
an·drehen to turn on (5)
ändern to change (4)
die **Angst, ⸚e** fear (3)
die **Antwort, -en** answer (11)
an·wenden to apply, to use (5)
der **Applaus** applause (10)
die **Arbeit, -en** work (3)
arbeiten to work (7)
der **Arbeiter, -** worker (7)
der **Arbeitskittel** workshirt (7)
sich **ärgern** to be annoyed, angry (5)
die **Armbanduhr, -en** watch (7)
die **Art, -en** kind (8)
der **Aschenbecher, -** ashtray (12)
der **Atem** breath (6)
atemlos breathless (11)
die **Atmosphäre, -n** atmosphere (3)
auf·blicken to look up, glance (11)
auf·essen (ißt auf), aß auf, aufgegessen to eat up (3)
auf·flammen to flame up (11)
auf·fressen (frißt auf), fraß auf, aufgefressen to eat up (of animals) (9)
die **Aufführung, -en** performance (10)
die **Aufgabe, -n** task (3)
auf·gehen, ging auf, ist aufgegangen to rise (2)
auf·heben, hob auf, aufgehoben to lift, pick up (8)
auf·hören to cease, end (9)
auf·knöpfen to unbutton (12)
auf·lockern to loosen up (8)
auf·nehmen (nimmt auf), nahm auf, aufgenommen to take in (3)
sich **auf·opfern** to sacrifice oneself (9)
auf·reißen, riß auf aufgerissen to tear open (5)
auf und ab up and down (11)
auf·wachen to wake up (1)
das **Auge, -n** eye (7)
der **Augenblick, -e** moment (11)
die **Ausbildung, -en** education (9)
sich **aus·denken, dachte aus, ausgedacht** to think of (8)
der **Ausdruck, ⸚e** expression (3)
aus·drücken to express (6)
das **Ausland** abroad, foreign country (3)
aus·leihen, lieh aus, ausgeliehen to borrow (4)
aus·löschen to extinguish (8)
aus·rotten to wipe out (6)
die **Aussage, -n** testimony, deposition (11)
ausstehend due (7)
aus·zählen to count (11)
sich **aus·zeichnen** to distinguish oneself (10)
die **Auszeichnung, -en** distinction (3)
der **Autor, -en** author (10)

B

der **Bach, ⸚e** stream, creek (2)
der **Bahnhof, ⸚e** railway station (1)
bald soon (3)
der **Bauch, ⸚e** belly (9)

bauen to build; — **lassen** to have built (9)
bäurisch rural, boorish (8)
das **Bauprojekt, -e** construction project (10)
Bayern Bavaria (3)
bedeuten to mean (7)
die **Bedeutung, -en** meaning, significance (12)
sich **befassen** to deal with, engage in (8)
sich **befinden** to be (10)
die **Befreiung, -en** liberation (10)
begeistert enthusiastic (9)
beginnen, begann, begonnen to begin (9)
begreifen, begriff, begriffen to comprehend (5)
begrüßen to greet, welcome (12)
behandeln to deal with, treat (10)
beide both (6)
beidseitig mutual (12)
das **Beileid** condolence (7)
das **Bein, -e** leg (4)
beiseite·schieben, schob beiseite, beiseitegeschoben to push aside (12)
das **Beispiel, -e** example (7)
bei·tragen (trägt bei), trug bei, beigetragen to contribute (3)
bekannt known, well-known (10)
der **Bekannte, -n** acquaintance (7)
bekanntlich as is well-known (9)
bekommen, bekam, bekommen to get, receive (7)
beliebt popular (10)
benötigen to need, require (10)
berauschend overwhelming (8)
der **Bericht, -e** report (7)
sich **berufen fühlen** to feel destined (7)
beruhigt calm (6)
beschreiben, beschrieb, beschrieben to describe (3)
besetzen to occupy (10)
besitzen, besaß, besessen to own (10)
besonders especially (3)
besser better (5)
bestehen, bestand, bestanden to be (9);—**auf** to insist on (6);—**in** to consist of (11)
der **Besuch, -e** visit (5)
die **Betätigung, -en** activity (10)
betonen to stress (11)
das **Betongebäude, -** concrete building (7)
betrachten to consider, look at (12)
bevölkern to populate (6)
sich **bewegen** to move (5)
bezahlen to pay (1)
das **Bild, -er** picture (9)
die **Bildung** education (3)
bißchen little (5)
bitten, bat, gebeten to ask, request (8)
das **Blatt, ¨er** sheet (12)
blau blue (2)
bleiben, blieb, ist geblieben to remain (3)
bleich pale (11)
der **Bleistift, -e** pencil (11)
blicken to look (11)
blond fair, blond (6)
bloß·stellen to ridicule, compromise (8)
die **Blume, -n** flower (4)
der **Bogen, ¨** sheet (12)
böse evil (10)
die **Botschaft, -en** message (3)
brauchen to need (11)

brausend roaring (10)
breit broad (2)
der **Brief, -e** letter (1)
bringen, brachte, gebracht to bring, take (8)
der **Brocken, -** lump (9)
die **Brücke, -n** bridge (6)
brüllen to scream (2)
das **Buch, ⁼er** book (5)
der **Buchstabe, -n** letter (11)
die **Bühne, -n** stage (10)
die **Bundesrepublik** Federal Republic (of Germany) (3)
der **Bürger, -** citizen (8)
das **Büro, -s** office (7)

C

die **Chance, -n** chance (3)
chinesisch Chinese (5)

D

dabei by doing that (12)
daher therefore (9)
damit so that (6)
danach after that (11)
dar·stellen to represent, perform (9)
die **Daten** (*pl.*) data (7)
das **Datenschutzgesetz, -e** data protection law (7)
dauern to last (5)
davon·kommen, kam davon, ist davongekommen to get away (11)
die **DDR** East Germany (3)
die **Decke, -n** blanket, ceiling (5)
denken, dachte, gedacht to think (4)
denn for, because (3)
dennoch nevertheless (8)
deutlich clear (8)
deutschsprechend German speaking (8)
die **Deutschstunde, -n** German lesson (3)
dicht close (6)
der **Dichter, -** poet (6)
didaktisch didactic (10)
dienen to serve (3)
diktieren to dictate (3)
das **Ding, -e** thing (5)
diskutieren to discuss (7)
doch yet, but (1)
dominieren to dominate (3)
der **Dramatiker, -** dramatist (10)
dramatisch dramatic (8)
drehen to turn (12)
drin therein (9)
drüben on the other side (11)
dunkel dark (1)

E

eben just (11)
echt genuine (3)
die **Ecke, -n** corner (11)
egoistisch selfish (9)
eigen own (9)
das **Eigenheim, -e** private home (2)
eigentlich actually (3)
eilig hasty (11)
einander one another (9)
einer someone (7)
einfach simple (3)
ein·fallen (fällt ein), fiel ein, ist eingefallen to occur to (5)
die **Einführung, -en** introduction (10)
der **Eingang, ⁼e** entrance (1)
einige some, several (7)
einmal ever, sometime, once (3)
ein·nähen to sew in (7)
ein·nehmen (nimmt ein),

nahm ein, eingenommen to occupy (11)
ein paar a few (9)
ein·richten to furnish, prepare (10)
ein·schließen, schloß ein, eingeschlossen to lock in, include (11)
ein·tragen (trägt ein), trug ein, eingetragen to enter (7)
ein·trocknen to dry up (12)
ein wenig a little (9)
das **Einzelzimmer, -** single room (1)
einzig sole (10)
der **Empfangszettel, -** receipt (7)
endlich finally (5)
eng narrow (11)
entdecken to discover (3)
die **Entfaltung, -en** development (10)
entfernt distant (11)
enthalten (enthält), enthielt, enthalten to contain (8)
entlang·fahren (fährt entlang), fuhr entlang, ist entlanggefahren to drive along, pass (12)
entleeren to empty (12)
die **Entlassung, -en** release, dismissal (7)
entnehmen (entnimmt), entnahm, entnommen to understand (6)
entscheidend decisive (11)
entschwinden, entschwand, ist entschwunden to disappear (8)
entsetzlich appalling (11)
entwickeln to develop (3)
erben to inherit (6)
die **Erde** earth (6)
der **Erfolg, -e** success (3)
der **Erfolgsschlager, -** running hit (3)
sich **ergeben aus (ergibt), ergab, ergeben** to result from (7)
erhalten (erhält), erhielt, erhalten to receive (7)
erinnern to remind (8)
erkennen, erkannte, erkannt to recognize (8)
erklären to explain (5)
erleichtert relieved (6)
ernst serious (6)
erobern to conquer (9)
die **Eröffnung, -en** opening (11)
erreichen to reach, accomplish (5)
erscheinen, erschien, ist erschienen to appear (2)
erschrecken (erschrickt), erschrak, ist erschrocken to frighten, scare (5)
erst only (5)
erstaunlich amazing (6)
erstaunt astonished (11)
erste first (6)
erwarten to expect (3)
erwidern to reply (11)
erzählen to tell (4)
essen (ißt), aß, gegessen to eat (4)
das **Essen, -** meal (5)
etwa about, approximately (11)
etwas something (3)
die **Ewigkeit** eternity (11)
exakt exact (3)

F

die **Fabrik, -en** factory (6)
fahren (fährt), fuhr, ist gefahren to drive, go (1)
die **Fahrkarte, -n** ticket (1)
das **Fahrrad, ¨er** bicycle (10)
der **Fall, ¨e** case (7)
fallen (fällt), fiel, ist gefallen to fall (2)

falsch wrong (3)
falten to fold (12)
die **Farbe, -n** color (9)
fast almost (8)
faul lazy (9)
die **Feder, -n** pen (12)
der **Feierabend, -e** leisure time (in the evening) (7)
fein fine (1)
feindlich hostile (9)
feinfühlig sensible (8)
der **Feldmarschall, -e** field marshal (8)
das **Fenster, -** window (5)
die **Fensterscheibe, -n** window pane (5)
fern distant, away (11)
fesseln to chain (11)
das **Fest, -e** feast (9)
fest firm (7)
fest·halten (hält fest), hielt fest, festgehalten to keep (2)
fest·stellen to state (7)
der **Filmproduzent, -en** film producer (3)
finden, fand, gefunden to find (3)
die **Firma, Firmen** firm, company (7)
der **Fisch, -e** fish (9)
die **Flasche, -n** bottle (7)
fliegen, flog, ist geflogen to fly (3)
die **Flosse, -n** fin (9)
das **Flugzeug, -e** airplane (4)
der **Flur, -e** corridor (11)
folgen, ist gefolgt (+ *dat.*) to follow (12)
der **Fortschritt, -e** progress (6)
das **Foto, -s** photograph (4)
fotografieren to photograph (4)
die **Frage, -n** question (3)
fragen to ask (7)
französisch French (12)
die **Frau, -en** wife, woman (6)
frei free (5)
das **Freibad, ¨er** open-air swimming-pool (4)
die **Freiheit, -en** freedom, liberty (10)
die **Freizeit, -en** leisure time (3)
fremd strange (9)
fressen (frißt), fraß, gefressen to eat (of animals) (9)
die **Freude, -n** joy (5)
freudig joyful (9)
der **Freund, -e** boy friend (7)
die **Freundin, -nen** girl friend (1)
der **Frieden** peace (6)
frisch fresh (9)
der **Friseur, -e** barber, hairdresser (4)
froh glad (1)
frösteln to shiver with cold (11)
früh early (5)
die **Frühe** early morning (6)
frustrierend frustrating (7)
führen to lead (9)
die **Füllfeder, -n** fountain pen (12)
füllen to fill (12)
der **Füller, -** fountain pen (12)

G

die **Gabel, -n** fork, cradle (5)
ganz quite, whole (1)
garantieren to guarantee (12)
gar nichts nothing at all (5)
der **Garten, ¨** garden (2)
der **Gast, ¨e** guest (1)
der **Gastarbeiter, -** foreign worker (3)
die **Gaststube, -n** dining room (1)
die **Gattung, -en** genre (6)
das **Gebäude, -** building (7)
geben (gibt), gab, gegeben to

give (5); **es gibt** there is, there are (4)
geboren born (10)
die **Gebrauchsanweisung, -en** directions (12)
der **Geburtstag, -e** birthday (4)
das **Gedicht, -e** poem (6)
gefallen (gefällt), gefiel, gefallen (+ *dat.*) to please, like (3)
der **Gefangene, -n** prisoner (11)
gefangen halten to keep imprisoned (12)
gefesselt shackled (11)
gefühllos insensitive (2)
gegen against (5)
das **Gegenteil, -e** contrary (3)
das **Gehege, -** enclosure, fence (5)
das **Geheimnis, -se** secret (4)
gehen, ging, ist gegangen to go, leave (1)
das **Gehirn, -e** brain (11)
der **Gehorsam** obedience (9)
gelangen zu to arrive at (12)
das **Geld, -er** money (1)
geliebt loved (8)
gelingen, gelang, ist gelungen to succeed (8)
gemeinsam common (4)
genauso the same way (12)
genial ingenious (8)
genießen, genoß, genossen to enjoy (3)
genug enough (5)
das **Gepäck** luggage (1)
gerade just (8)
das **Gericht, -e** court of law (12)
gern to like to . . . (4)
das **Geschäft, -e** store, business (1)
die **Geschäftsleitung, -en** business administration (7)
geschehen (geschieht), geschah, ist geschehen to happen (12)
das **Geschenk, -e** present, gift (7)
die **Geschichte, -n** story (5)
der **Geschmack, ¨-er** taste (3)
geschwollen swollen (1)
die **Gesellschaft, -en** society (8)
gesellschaftskritisch critical in regard to society (12)
gesichert secure (9)
das **Gesicht, -er** face (4)
gestalten to form (8)
die **Geste, -n** gesture (12)
gewaltig mighty (9)
gewiß certain (5)
das **Gewissen, -** conscience (3)
glänzend splendid (1)
glauben to think, believe (3)
gleich right away, equal (1)
gleichmäßig regular (12)
das **Glück** luck (4); **zum —** luckily, fortunately (4)
glücklich happy (12)
der **Graf, -en** count (8)
die **Graphitspitze, -n** pencil tip (12)
gratulieren to congratulate (7)
greifen, griff, gegriffen to grasp (7)
die **Grenze, -n** border, limit (10)
groß big, large (2)
die **Größe, -n** size (12)
das **Guckloch, ¨-er** peephole (12)

H

das **Haar, -e** hair (4)
der **Hafen, ¨** harbor (1)
der **Haifisch, -e** shark (9)
der **Hals, ¨-e** neck (11)
halten (hält), hielt, gehalten to keep (7); **von** to think of (7)

die **Hand, ¨-e** hand (4)
der **Händedruck, ¨-e** handshake (7)
handeln to deal, act (8)
die **Handlung, -en** plot, action (8)
die **Handtasche, -n** purse (1)
die **Hauptdarstellerin, -nen** principal actress (10)
der **Haupteingang, ¨-e** main entrance (7)
der **Hauptfilm, -e** main feature (4)
die **Hauptsache, -n** main thing (9)
das **Häuschen, -** small house (6)
die **Hausfrau, -en** house wife (10)
die **Hauszeitschrift, -en** in-house newsletter (7)
heilen to heal (3)
die **Heimatstadt, ¨-e** hometown (10)
heim·kommen, kam heim, ist heimgekommen to get home (12)
heimlich secret (11)
die **Heirat, -en** marriage (8)
heiraten to marry (6)
heißen, hieß, geheißen to be called, mean (2)
heiter cheerful (8)
der **Held, -en** hero (9)
heldenmütig heroic (9)
hell light, bright (11)
das **Hemd, -en** shirt (12)
heraus·stecken to stick out (2)
herein·blicken to peek in (11)
herein·sehen (sieht herein), sah herein, hereingesehen to look in (1)
her·geben (gibt her), gab her, hergegeben to give away (2)
der **Herr, -en** lord (10)
herrschen to prevail (7)
herüber·ticken to tick across (11)
das **Herz, -en** heart (3)
der **Himmel** sky (2)
hinaus über beyond (10)
hinein·gehen, ging hinein, ist hineingegangen to walk in (2)
hinein·werfen (wirft hinein), warf hinein, hineingeworfen to throw in (11)
hin·fließen, floß hin, ist hingeflossen to flow down (6)
hinter behind (5)
hinunter·gehen, ging hinunter, ist hinuntergegangen to go down (1)
das **Hirn, -e** brain (11)
der **Historiker, -** historian (3)
historisch historical (3)
hoch high (7)
der **Hof, ¨-e** courtyard (11)
die **Hoffnung, -en** hope (11)
die **Höhensonne, -n** sunlamp (4)
holen to fetch, pick up (1)
das **Holz, ¨-er** wood (4)
hören to hear, listen (3)
der **Hörer, -** receiver, listener (5)
das **Huhn, ¨-er** hen, chicken (5)
humorvoll humorous (10)
sich **hüten vor** to beware of (9)

I

die **Idee, -n** idea (3)
illustrieren to illustrate (10)
immer always (2)
das **Industrieprodukt, -e** industrial product (3)

der **Ingenieur, -e** engineer (9)
inne·halten (hält inne), hielt inne, innegehalten to stop (12)
das **Insekt, -en** insect (5)
das **Interesse, -n** interest (3)
irgendein any (3)
irgend etwas anything (12)
irgendwo anywhere (9)
irisch Irish (10)
ironisch ironic (6)

J

das **Jahr, -e** year (3)
das **Jahrhundert, -e** century (8)
das **Jahrzehnt, -e** decade (3)
jaulen to howl (2)
jedesmal every time (5)
jetzt now (1)
jung young (1)

K

das **Kabel, -** cable (5)
die **Kaiserin, -nen** empress (8)
kalt cold (2)
der **Kamin, -e** chimney (7)
der **Kampf, ⸚e** fight (10)
kämpfen to fight (3)
das **Kaninchen, -** rabbit (5)
die **Kappe, -n** cap (12)
die **Karte, -n** card (7)
die **Kartei, -en** file (7)
die **Kartoffel, -n** potato (5)
die **Kassette, -n** cassette (1)
der **Kasten, ⸚** box (9)
kaufen to buy (4)
der **Kaufmann, Kaufleute** businessman (6)
kaum hardly (3)
der **Keller, -** basement, cellar (11)
kennen, kannte, gekannt to know (6)
die **Kerze, -n** candle (8)
das **Kind, -er** child (2)
die **Kinderzulage, -n** governmental subsidy for children (7)
der **Kinogänger, -** movie goer (3)
das **Kinoinserat, -e** movie advertisement (12)
der **Kirchenchor, ⸚e** church choir (12)
der **Klang, ⸚e** sound (9)
klappen to click (2)
klassisch classical (3)
die **Kleinigkeit, -en** trifle (4)
die **Kleinstadt, ⸚e** little town (3)
klopfen to knock (11)
der **Klopfton, ⸚e** knocking sound (11)
der **Kollege, -n** colleague (7)
kommerziell commercial (3)
der **Kommissar, -e** inspector (11)
die **Komödie, -n** comedy (10)
komponieren to compose (8)
der **Komponist, -en** composer (8)
können to know (5)
die **Kontrollnummer, -n** control number (7)
konventionell conventional (8)
der **Kopf, ⸚e** head (2)
der **Korintherbrief, -e** Paul's Epistle to the Corinthians (10)
die **Kraft, ⸚e** strength (10)
die **Krankheit, -en** sickness (7)
der **Kranz, ⸚e** wreath (7)
der **Kreis, -e** circle (11)
der **Krieg, -e** war (6)
der **Kritiker, -** critic (3)
kühl cool (10)
die **Kultur, -en** culture (3)
kulturell cultural (3)

die **Kulturepoche, -n** cultural epoch (8)

die **Kunst, ¨e** art (3)

künstlerisch artistic (3)

das **Kunstwerk, -e** piece of art (3)

kurz short (3)

kürzlich recently (8)

küssen to kiss (4)

L

lächeln to smile (12)

lachen to laugh (1)

der **Laden, ¨** shutter, store (5)

die **Lampe, -n** lamp (5)

langsam slow (5)

das **Land, ¨er** country (8)

läuten to ring (5)

lautlos silent (11)

leben to live (3)

das **Leben, -** life (5)

der **Lebenslauf, ¨e** curriculum vitae, résumé (7)

legen to put, lay (5)

lehren to teach (9)

der **Lehrer, -** teacher (9)

lehrhaft didactic (10)

leicht easy, light, slight (6)

leihen, lieh, geliehen to borrow, lend (4)

leise quiet (11)

sich **leisten** to afford (1)

lenken to direct (3)

lernen to learn (5)

lesen (liest), las, gelesen to read (3)

letzt, - last (3)

die **Leute** (*pl.*) people (5)

das **Licht, -er** light (5)

lieb dear (1)

die **Liebe** love (4)

lieben to love (4)

lieber rather, preferably (8)

die **Liebesaffäre, -n** love affair

liegen, lag, gelegen to lie (4)

links left (12)

linkshändig left-handed (3)

die **Lippe, -n** lip (1)

der **Lohn, ¨e** wage (7)

das **Lohnbüro, -s** payroll office (7)

los·rennen, rannte los, ist losgerannt to run off (5)

los·schicken to send off (8)

der **Löwe, -n** lion (12)

der **Lustgarten, ¨** pleasure garden (9)

lustig funny (9)

M

machen to make (3)

die **Macht, ¨e** power (10)

mager slim (4)

das **Mal, -e** time (7)

malen to paint (5)

man someone (3)

manche some (7)

manch einer many a (1)

manchmal sometimes (4)

der **Mann, ¨er** husband, man (5)

die **Männerstimme, -n** male voice (2)

der **Mantel, ¨** overcoat (12)

die **Markierkarte, -n** punch card (7)

der **Markt, ¨e** market (3)

die **Masse, -n** crowd, mass (3)

die **Maßnahme, -n** measure (9); **Maßnahmen treffen** to take steps (9)

materialistisch materialistic (9)

materiell material (10)

die **Mauer, -n** wall (11)

das **Meer, -e** sea (9)

der **Meeresgrund, ¨e** bottom of the sea (9)

mehrere several (10)

mehrmals several times (12)

meinen to mean, think (3)
die **Meinung, -en** opinion (9)
meistens mostly (3)
das **Meisterwerk, -e** masterpiece (3)
melden to announce, tell (9)
die **Melodie, -n** melody (6)
die **Menge, -n** crowd, lot (10)
der **Mensch, -en** human being, man (6)
menschlich human, humane (8)
merken to notice (6)
mit·arbeiten to collaborate (10)
der **Mitarbeiter, -** collaborator, co-worker (10)
miteinander with each other (4)
mit·zählen to count (10)
die **Mitteilung, -en** notice, message (12)
mitten in the middle (12)
mittler intermediate (10)
mittwochs on Wednesdays (12)
der **Monat, -e** month (5)
der **Mond, -e** moon (5)
moralisch moral (9)
morgen tomorrow (1)
der **Morgen, -** morning (8); **eines Morgens** some morning (8)
die **Mühe, -n** trouble, effort (4)
München Munich (3)
der **Mund, ¨er** mouth (4)
musikalisch musical (8)
die **Mutter, ¨** mother (7)
mysteriös mysterious (3)

N

nachdem after (6)
nach·denken, dachte nach, nachgedacht to think about (5)
nach·geben (gibt nach), gab nach, nachgegeben to give in (4)
nach·kommen, kam nach, ist nachgekommen to follow (1)
nächst, - next (11)
die **Nacht, ¨e** night (6)
der **Nachteil, -e** disadvantage (3)
die **Nähe** vicinity (1)
die **Nahrung** food (9)
nämlich namely (5)
das **Nashorn, ¨er** rhinoceros (5)
naß wet (11)
natürlich natural, of course (3)
neben beside(s) (1)
die **Neigung, -en** inclination (9)
nennen, nannte, genannt to name (3)
nett nice, kind (9)
neu new (3)
nichts anderes als nothing but (5)
nie never (3)
niedrig low (9)
noch still (1)
noch immer still, yet (6)
die **Nummer, -n** number (7)
nützen to be of use (5)
nutzen to use (3)

O

ob whether (11)
oben upside, upstairs (11)
obwohl although (7)
offen open (4)
offensichtlich obvious (10)
der **Offizier, -e** officer (9)
öffnen to open (2)
öfter (more) often (9)
das **Öl, -e** oil (6)
die **Oper, -n** opera (8)
das **Opfer, -** victim (3)

orchestrieren to orchestrate (8)
der **Orden, -** medal (9)
die **Ordnung, -en** order (7)
Ost-Berlin East-Berlin (10)
Österreich Austria (3)
österreichisch Austrian (8)

P

die **Palme, -n** palm tree (12)
die **Papeterie, -n** stationery store (12)
das **Papier, -e** paper (5)
passieren (ist passiert) to happen, occur (7)
das **Personalbüro, -s** personnel office (7)
persönlich personal (7)
das **Phänomen, -e** phenomenon (3)
der **Plan, ⁼e** plan (8)
der **Platz, ⁼e** place, seat (10)
plötzlich suddenly (11)
der **Posten, -** guard (11)
prächtig marvelous (9)
die **Präzision** precision (11)
der **Prinz, -en** prince (8)
die **Pritsche, -n** plank bed (11)
die **Probe, -n** trial, test (12)
probieren to test (4)
die **Problematik** problem (3)
produzieren to produce (3)
das **Protokoll, -e** protocol, minutes (11)
provozieren to provoke (3)
der **Psychiater, -** psychiatrist (3)
das **Publikum** audience (8)
pünktlich punctual (7)

Q

quengeln to nag (2)
quietschen to squeak (2)

R

der **Rachen, -** jaws (9)
die **Radiomeldung, -en** radio message (6)
die **Ratlosigkeit** helplessness (11)
räumen to vacate, quit (12)
reagieren to react (12)
das **Recht, -e** right (10)
rechts right side (12)
der **Regen, -** rain (5)
der **Regisseur, -e** director (3)
regnen to rain (1)
reich rich (6)
die **Reihe, -n** row, number (11)
rein mere (9)
rein·kommen, kam rein, ist reingekommen to come in (2)
reisen to travel (6)
reißen, riß, gerissen to tear (5)
die **Rente, -n** pension, retirement pay (7)
retten to rescue, save (11)
die **Rettung, -en** rescue (11)
das **Rezept, -e** recipe, prescription (3)
richtig right, real (9)
riechen, roch, gerochen to smell (4)
riesig gigantic, huge (9)
die **Ritze, -n** fissure (5)
der **Rock, ⁼e** skirt (4)
rodeln to sleigh (2)
die **Rolle, -n** role (10)
der **Rollkragenpullover, -** turtle-neck sweater (1)
der **Roman, -e** novel (3)
romantisch romantic (8)
rot red (2)
der **Rücken, -** back (4)
rühmen to praise (3)
die **Runde, -n** round, circle (5)

S

der **Saal, Säle** hall (10)
sagen to say (7)
sanitär sanitary (9)
der **Satz, ⸚e** sentence (8)
die **Schallplatte, -n** record (4)
der **Schatten, -** shadow (3)
schauen to look (5)
der **Schauspieler, -** actor (10)
scheinen, schien, geschienen to seem, shine (5)
das **Schicksal, -e** fate (8)
das **Schiff, -e** ship (1)
die **Schläfe, -n** temple (12)
schlafen (schläft), schlief, geschlafen to sleep (1)
schlagen (schlägt), schlug, geschlagen to beat, hit (11)
schlecht bad (5)
schließen, schloß, geschlossen to close (5)
das **Schließfach, ⸚er** locker (1)
schließlich finally (10)
der **Schlitten, -** sled (2)
das **Schlittenfahren** sledding (2)
schluchzen to sob (2)
der **Schluß** end (2)
die **Schlußszene, -n** final scene (8)
schmecken to taste (5)
schnell quick (6)
die **Schnur, ⸚e** cord (2)
schön pretty, beautiful (1)
schon already (7)
schrauben to screw (12)
schreiben, schrieb, geschrieben to write (1)
schreien, schrie, geschrien to cry, scream (2)
die **Schrift, -en** writing (10)
schriftlich by writing, written (7)
der **Schriftsteller, -** writer (3)
das **Schriftzeichen, -** letter, symbol (5)
die **Schule, -n** school (9)
der **Schürzenjäger, -** skirt-chaser, wolf (8)
schwarz black (12)
Schweden Sweden (3)
schweigen, schwieg, geschwiegen to be quiet (4)
der **Schweiß** sweat (11)
schwer difficult, heavy (3)
schwierig difficult (3)
schwimmen, schwamm, ist geschwommen to swim (9)
schwitzen to perspire (4)
schwören, schwur, geschworen to swear (4)
die **Seele, -n** soul (3)
die **Sehnsucht** longing (8)
die **Seife, -n** soap (4)
seit since (3)
die **Sekunde, -n** second (11)
selbst oneself, even (7)
selten rarely (7)
die **Semesterferien** (*pl.*) semester vacation (7)
die **Serviererin ,-nen** waitress (1)
sich **setzen** to sit down (2)
setzen to put (9)
sicher safe, certain (5)
die **Sicherheit, -en** safety (7)
silbern silver (8)
singen, sang, gesungen to sing (6)
der **Sinn** sense, meaning (8)
sitzen, saß, gesessen to sit (1)
sofort at once (1)
sogar even (5)
sogleich rightaway (9)
solange as long as (1)
der **Sommerabend, -e** summer night (10)
die **Sonne, -n** sun (5)
der **Sonnenaufgang, ⸚e** sunrise (6)
sonst otherwise (1)

sorgen to care (9)
sorgfältig careful (12)
sozial social (3)
der **Spalt, -e** fissure, split (2)
die **Spannung, -en** tension (3)
spät late (5)
der **Spaziergang, ⸚e** walk (4)
das **Spiel, -e** game (3)
spielen to play (8)
die **Sprache, -n** language (9)
sprechen (spricht), sprach, gesprochen to speak (2)
spüren to feel, sense (5)
die **Stadt, ⸚e** city (5)
ständig steady (11)
der **Standpunkt, -e** position, point of view (3)
starr rigid, stiff (11)
statt·finden, fand statt, stattgefunden to take place (6)
stehen, stand, gestanden to stand (1)
die **Stelle, -n** place (6); **auf der —** rightaway (6)
stellen to place, put (3)
stolz proud (7)
streichen, strich, gestrichen to wipe out (7)
streifen to touch, to streak (4)
sich **streiten, stritt, gestritten** to quarrel (4)
der **Strom, ⸚e** river (6)
strömen to stream (9)
die **Strophe, -n** stanza (6)
der **Strumpf, ⸚e** stocking (4)
das **Stück, -e** piece, play (7)
stumm tacid, mute (9)
die **Stunde, -n** hour (5)
stürzen to fall, plunge (6)
Südamerika South America (12)
suggerieren to suggest (6)
symbolisch symbolic (12)
die **Sympathie, -n** sympathy (6)
symptomatisch symptomatic (3)

T

die **Tablette, -n** pill (4)
der **Tag, -e** day (7); **eines Tages** some day (7)
der **Takt, -e** stroke, beat (11)
taktieren to measure out the beat (11)
tanzen to dance (4)
das **Taschentuch, ⸚er** handkerchief (8)
technisch technical (10)
der **Tee, -s** tea (1)
das **Telefon, -e** telephone (5)
telefonieren to call (1)
ticken to tick (11)
das **Tier, -e** animal (5)
die **Tinte, -n** ink (12)
der **Tisch, -e** table (12)
die **Tochter, ⸚** daughter (8)
der **Tod** death (3)
der **Todesfall, ⸚e** death, casualty (7)
der **Todeskandidat, -en** death candidate (11)
das **Todesurteil, -e** death sentence (11)
der **Ton, ⸚e** sound (11)
töten to kill (9)
tragen (trägt), trug, getragen to carry, wear (1)
die **Träne, -n** tear (11)
träumen to dream (4)
träumerisch dreamy (9)
traurig sad (5)
treten (tritt), trat, ist getreten to step (2)
trinken, trank, getrunken to drink (1)
triumphieren to triumph (10)
trotz despite (10)
trübsinnig sad (9)
sich **tummeln** to romp (9)
tun, tat, getan to do (3)
die **Tür, -en** door (2)

U

überall everywhere (7)
überbringen, überbrachte, überbracht to bring (8)
überfliegen, überflog, überflogen to skim (12)
überhaupt at all (4)
überlegen to think about (12)
übertragen (überträgt), übertrug, übertragen to transfer (7)
übertreiben, übertrieb, übertrieben to exaggerate (4)
überwältigen to overwhelm (11)
überwiegend primarily (3)
überwinden, überwand, überwunden to overcome (11)
überzeugen to convince (10)
übrigens by the way (9)
die **Uhr, -en** clock, watch (1); **um 3** — at three o'clock (1)
um . . . zu in order to (10)
umarmen to embrace (4)
die **Umklammerung, -en** entrapment (10)
unabhängig independent (3)
ungefähr about, approximately (3)
unmöglich impossible (9)
unregelmäßig irregular (11)
unsichtbar invisible (11)
untereinander among each other (9)
unterhalten (unterhält), unterhielt, unterhalten to entertain (3)
die **Unterhaltung, -en** entertainment, talk (3)
unterrichten to instruct (9)
unterscheiden, unterschied, unterschieden to differentiate (8)
sich **unterscheiden, unterschied, unterschieden** to differ (8)
der **Unterschied, -e** difference (9)
unterschreiben, unterschrieb, unterschrieben to sign (11).
die **Unterschrift, -en** signature (12)
unterwegs on the way (11)
der **Urlaub, -e** vacation (7)
ursprünglich original (3)
usw. etc. (9)

V

der **Vater, ⸚** father (6)
der **Vati, -s** daddy (2)
veranstalten to organize (6)
der **Verband, ⸚e** bandage (9)
verbinden, verband, verbunden to connect (3)
verborgen hidden, concealed (3)
verfügen über to decide about (10)
vergangen past (8)
vergessen (vergißt), vergaß, vergessen to forget (5)
vergleichen, verglich, verglichen to compare (3)
das **Verhalten** conduct, behavior (5)
verheiraten to marry (8)
sich **verheiraten** to get married (7)
das **Verkehrsmittel, -** means of transportation (10)
verkleben to paste up (5)
sich **verkleiden** to disguise (8)
die **Verkörperung, -en** manifestation (3)
verlassen (verläßt), verließ, verlassen to leave (7)
verleihen, verlieh, verliehen to bestow (9)

verletzen to hurt (9)
verliebt sein to have fallen in love (8)
verlieren, verlor, verloren to lose (7)
sich **verloben** to become engaged (8)
der **Verlobte, -n** fiancé (8)
die **Verlobte, -n** fiancée (8)
die **Verlobung, -en** engagement (8)
die **Vernunftehe, -n** marriage of convenience (8)
verraten (verrät), verriet, verraten to betray (9)
der **Vers, -e** verse, line (10)
verschieden different (9)
verschließen, verschloß, verschlossen to lock up (1)
versichern to assure (5)
versprechen (verspricht), versprach, versprochen to promise (6)
der **Verstand** mind (11)
sich **verständigen** to communicate (11)
die **Verständigung, -en** communication (11)
verstehen, verstand, verstanden to understand (3)
die **Verwandtschaft, -en** relationship (7)
verwechseln to mix up (7)
verwenden to use (9)
verzichten to decline (3)
verzweifeln to despair (12)
die **Verzweiflung** despair (11)
vielleicht perhaps (3)
viermal four times (7)
voll full (6)
voneinander from each other (11)
die **Vorausahnung, -en** premonition (3)
vorbei·kommen, kam vorbei, ist vorbeigekommen to drop in (1)
der **Vorfilm, -e** short subject film (4)
der **Vorhang, ⸚e** curtain (10)
vorher before (5)
vor·liegen, lag vor, vorgelegen to be recorded (11)
vormittag in the morning (1)
sich **vor·stellen** to imagine (4)
die **Vorstellung, -en** idea, performance (12)
das **Vorurteil, -e** prejudice (3)

W

die **Waffe, -n** weapon (10)
während during (3)
die **Wahrheit** truth (11)
wahrnehmbar perceptible (11)
der **Walzer, -** waltz (8)
die **Wand, ⸚e** wall (5)
warnen to warn (7)
warten to wait (4)
waschen (wäscht), wusch, gewaschen to wash (4)
das **Wasser, -** water (4)
wegen because of (7)
weg·können, konnte weg, weggekonnt to be able to leave (10)
das **Weib, -er** woman (10)
weich soft (6)
weil because (5)
der **Wein, -e** wine (7)
weinen to cry (2)
weinrot ruby (1)
weiß white (1)
weit far (1)

weitere further, other (7)
weiter·führen to continue (5)
weiter·müssen, mußte weiter, weitergemußt to have to go on (1)
die **Wellenlinie, -n** wavy line (12)
die **Welt, -en** world (8)
wenige few (8)
weniger less (10)
wenigstens at least (5)
werden (wird), wurde, ist geworden to become (3)
der **Wert, -e** value (3)
wertvoll valuable (3)
das **Wetter** weather (5)
wichtig important (3)
wie how, as (5)
wieder again (1)
wiederholen to repeat (11)
die **Wiederholung, -en** repetition (6)
der **Wiener** Viennese (8)
winzig minuscule (11)
wirklich really (3)
die **Wirkung, -en** effect (3)
die **Wirtin, -nen** landlady (9)
wissen (weiß), wußte, gewußt to know (5)
die **Witwe, -n** widow (7)
witzig funny (10)
die **Woche, -n** week (1)
das **Wochenende, -n** weekend (3)
wochenlang for weeks (5)
wöchentlich every week (7)
wohl probably (12)
sich **wohl·fühlen** to feel well (4)
die **Wolldecke, -n** blanket (11)
wollen to want (5)
das **Wort, -e** word (7)
wünschen to wish (4)

Z

die **Zahl, -en** number (7)
der **Zahn, ⸚e** tooth (9)
das **Zeichen, -** signal (11)
zeichnen to draw (12)
zeigen to show (1)
die **Zeit, -en** time (3); **zur —** presently (3)
die **Zeitung, -en** newspaper (12)
die **Zelle, -n** cell (11)
zerreißen, zerriß, zerrissen to tear apart (12)
zerstören to destruct, destroy (3)
der **Zettel, -** note, slip of paper (12)
das **Zimmer, -** room (1)
das **Zimmermädchen, -** chambermaid (8)
das **Zitat, -e** quotation (10)
zu to, too (5)
zu·eilen auf to hurry up to (11)
zuerst at first (1)
der **Zufall, ⸚e** coincidence (10)
zu·fallen, (fällt zu), fiel zu, ist zugefallen to close shut (2)
zu·gehen, ging, zu, ist zugegangen close (2)
zugleich at the same time (8)
zu·hören (+ *dat.*) to listen (1)
die **Zukunft** future (9)
zu·machen to close (2)
zurück back (2)
zurück·geben (gibt zurück), gab zurück, zurückgegeben to return, give back (1)
zurück·kehren (ist zurückgekehrt) to return (11)
zurück·nehmen (nimmt

zurück), nahm zurück, zurückgenommen to take back (11)
zurück·rufen, rief zurück, zurückgerufen to call back (10)
zusammen·fassen to summarize (8)
der **Zuschauer, -** spectator (3)
zwar although, as a matter of fact (5)
zwingen, zwang, gezwungen to force (8)
zwischen between (4)
der **Zwischenfall, ¨e** incident (10)
die **Zwischenzeit, -en** meantime (3)

PERMISSIONS

We would like to thank the following publishers and authors for permission to reprint their material.

,,Fahrkarte bitte'' and ,,Schlittenfahren,'' Helga Novak, Luchterhand Darmstadt, by permission of the author.

,,Aspirin,'' Wolf Wondratschek, Hanser, Munich, by permission of the publisher.

,,Der Mann, der nicht mehr wissen wollte,'' Peter Bichsel, Luchterhand Darmstadt, by permission of the publisher.

,,Ballade von Leipzig nach Köln,'' From *Mit Marx-und Engels-zungen,* and ,,Nachricht,'' From *Deutschland. Ein Winter märchen,* Wolf Biermann, Kiepenheuer and Witsch, Köln, by permission of the publisher.

,,Nummer 3364,'' Werner Schmidli, From *Der alte mann, das Bier, die Uhr,* Benziger Verlag, CH - Zurich, by permission of the publisher.

,,Wenn die Haifische Menschen wären,'' Bertolt Brecht, From *Gesammelte Werke in acht Bänden,* Suhrkamp Verlag, Frankfurt, by permission of the publisher.

,,Die Aussage,'' Günther Weisenborn, From *Memorial*, Desch Verlag, Munchen, by permission of the publisher.

,,San Salvador,'' Peter Bichsel, Walter Verlag, Freiburg und Olten, by permission of the publisher.

PHOTO CREDITS

German Information Service: 5, 13, 17, 23, 29; Monkmeyer: Sybil Shelton: 1, Mimi Forsyth: 45; Bettman Archives: 9, 13; HRW: 33, 37, 41, 51;